AF597160

NOTES

SUR

SAINT-PIERRE DE BURLATS

JEAN LARAN

NOTES

SUR

SAINT-PIERRE DE BURLATS

(TARN)

(Extrait de la REVUE DU TARN, *septembre 1903, mai et novembre 1904)*

ALBI
IMPRIMERIE NOUGUIÈS
33, Rue de l'Hôtel-de-Ville, 33

1904

NOTES

SUR

SAINT-PIERRE DE BURLATS

La *Revue du Tarn* a souvent parlé du joli village de Burlats, situé dans une gorge profonde de l'Agoût, non loin de Castres, au pied du plateau granitique du Sidobre. Le long de la rivière et dans les ruelles qui s'entortillent derrière l'église, d'assez nombreux débris de notre vieille architecture attendent l'historien patient qui voudra reconstituer la physionomie de l'ancienne ville et de ses monuments. Les circonstances m'engagent à apporter une contribution à ce travail en attirant l'attention sur le plus intéressant d'entre eux, l'église Saint-Pierre, classée parmi les monuments historiques.

Jusqu'à ces derniers mois, le monument historique menait une existence assez obscure. Les voûtes en étaient presque partout écroulées ; les arbres maigres d'un petit jardin poussaient péniblement sur l'emplacement de la nef centrale ; vers les premières travées du collatéral nord s'était élevée une bâtisse qui servait d'école et de mairie ; un boucher avait transformé le croisillon septentrional en un taudis inquiétant, repaire d'énormes rats ; l'abside protégeait une cabane à lapins. Mais les rats, les lapins et même les enfants de l'école respectaient assez le monument, qui n'avait pas trop à souffrir de son état d'abandon.

Récemment, on a annoncé une nouvelle, toujours un peu troublante pour les amis des vieilles murailles : le Service des Monuments historiques restaure Saint-Pierre de Burlats. Le projet, heureusement, ne menace guère que les constructions parasites, poussées au siècle dernier, dans l'église, et on ne met à l'exécuter aucune précipitation dangereuse. Depuis quelques mois, un maçon mélancolique pose briques sur briques dans le collatéral nord. Le maçon de Saint-Pierre ne s'est pas laissé aigrir par une longue solitude, et ce n'est certainement pas lui qui a brisé en morceaux des sculptures récemment découvertes dans le sol. Il ne faut pas crier au vandale quand on ne peut pas atteindre les vrais responsables du vandalisme, et ceux-ci ne sont pas les pauvres diables qui n'ont jamais eu l'occasion ou le loisir de prendre goût à l'art et à l'archéologie. Mais ce n'est pas une raison pour laisser s'évanouir peu à peu, *comme de simples boiseries d'autel*, les quelques pierres qui ont échappé jusqu'ici aux hérétiques albigeois, aux protestants de la Grange, aux catholiques de Condé et aux architectes.

La Société des Sciences, Arts et Belles-Lettres du Tarn, dans sa séance du 20 juillet 1900, a déjà demandé que toutes les mesures soient prises pour assurer la conservation du monument pendant les travaux. Il est urgent que ce vœu soit entendu. Peut-être, en haut lieu, à force de l'entendre renouveler, se résignera-t-on à remédier de loin en loin à la solitude du pauvre maçon.

BIBLIOGRAPHIE & HISTORIQUE

Burlats n'a pas été connu des maîtres de l'archéologie : Quicherat n'en parle pas et Viollet-le-Duc en cite le nom sans autre indication (1). C'est une simple mention que nous trouvons aussi dans le répertoire des églises romanes donné par M. Enlart (2). Le village est un peu loin des grandes voies de communication et les ruines n'ont pas été très souvent reproduites par le dessin et la photographie (3).

(1) Catalogue des églises « qui présentent assez d'intérêt au point de vue de l'art pour être mises au rang des monuments historiques. » *Dictionnaire raisonné de l'architecture*... V, 192.

(2) *Manuel d'archéologie française depuis les temps mérovingiens jusqu'à la Renaissance* (1er vol. Paris, 1902, in-8o, p. 432).

(3) L'église, ainsi que le « pavillon d'Adélaïde », a été dessinée en

Une première monographie a été publiée en 1866 par L. Bonhoure (1). Elle a été sévèrement jugée ici-même par E. Jolibois (2). L'auteur y traite de manoir gothique le « pavillon d'Adélaïde », et reconnaît dans Saint-Pierre l'école grecque ou byzantine. Mais il a eu entre les mains des archives municipales qui paraissent s'être appauvries depuis, et il nous livre ainsi plus d'un document utile.

Nous aurons un guide beaucoup plus précieux dans la notice de M. Bonnay, inspecteur aux monuments historiques (3). Peut-être la documentation et les observations de l'auteur ont-elles été parfois un peu hâtives, mais il ne sera jamais sans intérêt de discuter ses conclusions.

Il faut citer encore un travail de M. Raymond Nauzières sur le Sidobre (4). L'auteur ne s'est pas contenté de collec-

1834 et 1839 par Dauzats et lithographiée dans les *Voyages pittoresques et romantiques à travers l'ancienne France*. (Paris, 1833 et suiv., in-fol. Languedoc, I, pl. 60 bis et médaillon d'une des pages suivantes ; II, pl. 118 et 119).

Une lithographie d'Aug. Mathieu, parue vers la même époque dans le *Mémorial catholique*, donne une vue assez inexacte de la façade occidentale.

L'ouvrage de P. Roger, *Archives historiques de l'Albigeois et du pays castrais* (Albi, 1842, in-8°), donne, avec quelques documents publiés ailleurs, une estampe d'Em. Wattier.

Une peinture du musée de Castres, le n° 24 du catalogue, nous montre l'intérieur de l'église sensiblement pareil à ce qu'il était naguère. Elle est signée Espérandieu, sans date. Une autre toile du même peintre est datée de 1841.

Depuis 1892, il existe de bonnes photographies d'ensemble de Mieusement, dans la collection des Monuments historiques. M. Paul Valat, photographe à Castres, a aussi d'excellents clichés.

Des plans des ruines ont été dressés par M. J. Siguié (1889. Déposé aux Archives de la Comm. des Mon. hist.), M. L. Bonnay (oct. 1893, ibid.) et par M. Paul Gout (15 janv. 1896, déposé au Ministère des Beaux-Arts).

(1) L. Bonhoure, instituteur. *Monographie de la commune de Burlats*. Castres, 1866, in-8°. Un compte-rendu, de Canet, en avait déjà paru dans le *Bulletin de la Société littéraire et scientifique de Castres* (séance du 17 juin 1859). Il faut voir aussi, de Bonhoure, un article paru en 1876 dans la *Revue du Tarn* (T. I, 312-14.)

(2) *Revue du Tarn*, II, 295.

(3) L. Bonnay, inspecteur aux monuments historiques, ancien inspecteur aux monuments civils, ancien élève de 1re classe de l'Ecole des Beaux-Arts. *Ruines de l'église St-Pierre de Burlats. Projet de restauration. Notes explicatives*. (Brive, 1894, in-8°, 18 pp.)

(4) Raymond Nauzières, *le Sidobre* (Paris, 1899, in-8°, pp. 17-20. Extrait

tionner par douzaines les rochers tremblants et les chaos de la région et de les rendre accessibles au touriste par une description sûre, complète et neuve ; il a écrit par la même occasion sur les ruines de Burlats quelques pages, malheureusement trop courtes, dont je me servirai sans scrupule. Je ne me ferai pas faute d'user aussi des notes copieuses qu'il a recueillies depuis, et de m'attribuer les remarques qu'il m'a communiquées à plusieurs reprises devant le monument. Mon ami ne m'en voudra pas. Il a l'habitude d'être pillé.

Il serait injuste de passer entièrement sous silence tous les autres écrivains qui ont consacré, en passant, quelques lignes à Burlats. Ils ont bien peu ou bien mal traité notre sujet, mais leur opinion est intéressante à connaître. Les documents anciens sur le bourg et ses habitants sont devenus si rares qu'on a cherché à les utiliser tous pour l'histoire des monuments. Ainsi se sont établies peu à peu, entre des faits mutuellement indépendants, des sutures que nous aurons peine à retrouver aujourd'hui à moins de suivre la tradition pas à pas dès ses débuts. C'est ce que nous ferons, après avoir, selon l'usage, commencé par parler d'Adélaïde.

Adélaïde de Toulouse *était connue* aussi *sous le nom de comtesse de Burlats parce qu'elle était née*, dit-on, *dans cette ville* (1). Sa mère, Constance, était fille du roi de France, Louis VI, veuve du roi d'Angleterre, Eustache de Blois. Son père était presque roi : c'était Raymond V, comte de Toulouse, duc de Narbonne, marquis de Provence, comte d'Albigeois, de Quercy, de Rouergue, de Saint-Gilles, de Lodève, etc. Son mari était Roger II Trencavel, le plus puissant vassal de Raymond V, vicomte de Béziers, Albi, Nîmes,

de l'*Annuaire du Club alpin français*, 25e vol., 1898) Une nouvelle rédaction, beaucoup plus développée, de ce travail est en cours de publication.

(1) Dom Devic et dom Vaissete. *Histoire générale du Languedoc* (Paris, 1733, in-fol.) Je renvoie à l'édition bien connue publiée sous la direction de M. Molinier à Toulouse, 1872-92 in-4o : VI, 156, 157. Le renseignement sur le lieu de naissance d'Adélaïde paraît emprunté uniquement au biographe d'Arnaud de Marviel.

Carcassonne, Rasez et Agde, qui fut excommunié en 1178 pour son indulgence à l'hérésie albigeoise. Elle ne paraît pas avoir joué un rôle politique exceptionnellement important ; elle n'a pas même eu, après la mort de son mari, la tutelle de son jeune fils Raymond-Roger ; on ignore la date de sa mort comme celle de sa naissance, et les documents qui parlent d'elle sont rares et insignifiants. Mais elle a régné sur une cour d'amour.

Un troubadour d'humble origine, Arnaud de Marviel, composa pour elle des poésies qui nous sont parvenues, enrichies d'une biographie de l'auteur (1). Naturellement, il ne faut pas voir dans ses « chansons, sons, sonnets, chants, tensons, mots et syrventes » de simples exercices littéraires : la passion qui y est rimée est celle dont il brûla pour la vicomtesse. Adélaïde se laissa toucher :

Aquel Arnaut cantava be et legia be romans. Et era bels de persona.

Leur bonheur dura jusqu'au moment où la jalousie d'un rival puissant, le roi d'Aragon, obligea le poète à s'éloigner et à transformer en stances de désespoir ses chants d'amour.

Le récit de ce drame, ou plutôt de cette comédie héroïque, — car le double privilège de l'art et de l'amour mettent le

(1) La vie d'Arnaud de Marviel, Marviell, Maruelh, Meyruelh, Marvoill ou Mareuil, paraît avoir été imprimée pour la première fois en français dans les *Vies des plus célèbres et anciens poètes provensaux qui ont floury du temps des comtes de Provence*, par Jehan de Nostre Dame, Procureur en la cour de Parlement de Provence, (Lyon, 1575, in-8°, p. 65), qui dit traduire du provençal les écrits de divers moynes et de plusieurs poètes incognus et incerteins. Quoiqu'il appelle la comtesse de Burlâts *Aléarde* et qu'il fasse d'Arnaud le fils d'un gentilhomme, Nostradamus paraît avoir puisé aux mêmes sources que plus tard dom Vaissete. Celui-ci (passage cité) renvoie aux mss. provençaux 7225 et 7698 de la bibliothèque du roi.

Les mêmes sources ont servi à de Rochegude, qui popularise à son tour l'histoire et les vers de Marviel, dans *le Parnasse occitanien ou choix de poésies originales des troubadours*, (Toulouse, 1819, in-8°, p. 15).

On retrouve encore cette tradition littéraire chez Friedrich Diez, *Leben und Werke der Troubadours*. (2e éd. Leipzig 1882, in-8°, pp. 103-109).

Enfin, une liste assez longue des œuvres attribuées à Marviel se rencontre chez Karl Bartsch, *Grundriss zur Geschichte der provenzalischen Literatur*, (Ebesfeld, 1872, in-8°, pp. 106-107).

héros en aussi haut rang que les autres acteurs — se retrouve chez la plupart des historiens du pays. Massol (1) et Marturé (2) le délaient avec une satisfaction visible. Ils s'empressent de réaliser l'unité de lieu en situant à Burlats l'acte de la cour d'amour. Taylor lui-même en oublie de parler de l'église Saint-Pierre (3). Nayral, le premier, en bon romantique, s'arrête devant les ruines et constate que le portail « entièrement remarquable, rappelle par ses sculptures que les ans ont à demi rongées, les siècles chevaleresques et religieux du moyen-âge » (4).

Compayré est plus précis. Il date l'église de la fin du XIIe siècle et le château, où la reine Constance mit au monde Adélaïde, du XIIe siècle (5). Avec Carrié, nous n'avons plus aucun doute sur l'identité du château en question ; il s'agit bien des deux pavillons qui nous restent sur la rive droite de l'Agoût (6). Crozes, parlant de la même construction, dit enfin : le château *fondé* au XIIe siècle par la reine Constance (7).

Reste à trouver l'histoire de l'église. Bonhoure constate discrètement qu'elle « paraît remonter au XIIe siècle, *époque à laquelle la reine Constance vint se fixer à Burlats* ».

L'hypothèse que sous-entendait cette apposition passe inaperçue du docteur Bastié. L'ancienne église, selon lui, a été édifiée probablement par la vicomtesse de Bé-

(1) Massol. *Description du Département du Tarn, suivie de l'histoire de l'ancien pays d'Albigeois.* (Albi, 1818, in-8°, p. 358).

(2) Marturé. *Histoire du Pays Castrais.* (Castres, 1822, 2 vol. in-8°,; I, 282 ; II, 34).

(3) Taylor. *Voyages pittoresques...*, ouvrage cité, t. I.

(4) Magloire Nayral, juge de paix du canton de Castres, membre de plusieurs sociétés académiques..., *Biographie Castraise... Chroniques et antiquités Castraises.* (Castres, 1833-37, 4 vol. in-12 ; IV, 561).

(5) Cl. Compayré, *Guide du Voyageur dans le département du Tarn.* (Albi, 1852, in-12, pp. 230-232).

(6) Carrié. *Géographie du département du Tarn.* (Albi, 1852, in-12, pp. 232-235).

(7) Hippolyte Crozes, correspondant du Ministère de l'Instruction publique, vice-président du Tribunal d'Albi, membre du Conseil général du Tarn. *Répertoire archéologique du département du Tarn.* (Paris, 1865 in-4° ; p. 73).

ziers (1). E. Jolibois se contente avec raison de reconnaître dans Saint-Pierre un monument du XIIe siècle (2) et Estadieu paraît s'inspirer surtout de Nayral et de Crozes (3).

Enfin, M. Bonnay, dans l'intéressante notice citée plus haut et qui a influencé tous les écrivains postérieurs, fait le dernier pas en donnant à la construction une date précise : 1160. C'est la reine Constance qui, répudiée par son second mari et retirée à Burlats, a fait réédifier l'église. En effet, et ceci du moins avait été prouvé, une église Saint-Pierre existait déjà à Burlats depuis plusieurs siècles.

Les églises romanes datées avec certitude deviennent si rares que c'est un devoir, au point de vue archéologique, de ne pas accepter sans contrôle l'histoire de la nôtre.

Elle est malheureusement bien peu fondée. Nous l'avons vue partir d'une phrase innocente et se formuler d'année en année avec une netteté croissante sans que les preuves se soient accrues dans les mêmes proportions. M. Bonnay ne paraît pas avoir été plus exigeant à ce sujet que ses prédécesseurs. Il accepte la date 1160 sans autre garant que l'autorité d'Estadieu. Une erreur s'est sans doute glissée sous sa plume car je n'ai pu parvenir à retrouver cette date dans l'ouvrage d'Estadieu et celui-ci m'a dit lui-même n'en avoir jamais indiqué ni proposé aucune. Bien plus, une rapide revue des faits actuellement connus montrera que personne ne pourrait avancer à bon droit une opinion aussi précise.

Un monastère existe à Burlats, dans le pays Albigeois, au Xe siècle (4). Il se rattachait déjà vraisemblablement à l'abbaye bénédictine de Castres, dont la fondation est beaucoup

(1) Dr Maurice Bastié, de Graulhet. *Le Languedoc, Ire partie ; description complète du département du Tarn*, (Albi, 1875 ; I, pp. 523-25).

(2) E. Jolibois, *Histoire du Pays d'Albigeois*, (*Revue du Tarn*, t. III et suiv.)

(3) Estadieu, archiviste-bibliothécaire de la ville de Castres. *Annales du Pays Castrais*, (Castres, 1893, in-4o).

(4) Longnon. *Atlas historique de la France*. (Paris, 1888, gr. in-fol. Carte de la Gaule carolingienne).

plus ancienne (1). A ce monastère appartient sans doute l'église Saint-Pierre, enrichie vers 973 par un legs de Garsinde, comtesse de Toulouse et d'Albigeois (2).

Burlats est, dès cette époque, sous la dépendance des Trencavel, vicomtes d'Albigeois, (et plus tard de Nîmes, Carcassonne, Rasez, Béziers, Agde), qui ont eux-mêmes comme seigneurs suzerains les comtes de Toulouse. Au commencement du XIe siècle, c'est un de leurs principaux châteaux (3).

En 1118, Bernard-Aton IV, fils de Raymond-Bernard Trencavel, partant en guerre contre les Sarrasins, rédige ses dernières dispositions. Il partage ses biens entre ses enfants et sa femme, Cécile de Provence ; pour le cas où celle-ci voudrait vivre séparée de ses enfants, il lui donne en propre la ville de Burlats avec toutes ses dépendances (4).

(1) Dans son bel ouvrage sur *l'Abbaye et les Cloîtres de Moissac* (Paris, 1897, in-fol., p. 183) M. E. Rupin range Saint-Pierre de Burlats parmi les possessions de Saint-Pierre de Moissac, (abbaye bénédictine,) à une époque qui reste malheureusement indéterminée. — C'est une bulle de 1266 qui nous permet de classer le prieuré de Burlats parmi les possessions de Saint-Benoit de Castres. Voir *Revue du Tarn*, VIII, 52. — On trouve 673 comme date de fondation de l'abbaye de Castres dans maistre P. Borel, docteur en médecine, *Antiquités, raretez, plantes, minéraux et autres choses considérables de la ville et comté de Castres d'Albigeois et des lieux qui sont à ses environs*, etc... (Castres 1649. Voyez l'éd. de Ch. Pradel, Paris, 1868, in-18, pp. 70, 103 et 113). — Le même ouvrage nous apprend incidemment et sans autre indication que Burlats était nommé par « Bernard Guido » Burlatum et Burlato. Il serait peut-être intéressant de retrouver le passage de Bernard Gui sur notre sujet, car il connut très bien le diocèse de Castres et fut en rapport avec le pape Jean XXII qui érigea Burlats en collégiale. J'avoue ne pas avoir eu le courage de feuilleter pour m'en assurer la collection énorme des manuscrits de l'illustre dominicain.

(2) Dom Vaissete (III, 178-179 ; V, n. CXI). Sur le codicille de Garsinde, voir Ed. Cabié, *Revue du Tarn*, 1900 (XVII, pp. 181-202).

(3) E. Jolibois. *Revue du Tarn*, IV, 195.

(4) Dom Vaissete, III, 634 ; pr. V, 867. — Il existe de nombreuses copies manuscrites du testament de Bernard-Aton, d'après les archives du château de Foix, de la cité de Carcassonne et du domaine de Montpellier. Le *fonds Doat* en contient deux (CXVI, fol. 2 et 5 ; la *collection du Languedoc*, trois (LXXVI, fol. 124, 125, 126). Toutes les cinq portent l'orthographe Burla*d* : dans l'une, une surcharge postérieure a remplacé le *d* par un *s*.

Il est possible que Cécile de Provence ait habité Burlats. On l'y trouve en 1139, avec son fils Roger, qui signe un acte en sa présence (1).

Un peu auparavant, en 1123, une bulle porte une deuxième mention de Saint-Pierre de Burlats (2).

Nous arrivons à l'époque présumée de la reconstruction de l'église et du château. Du séjour de Constance à Burlats, il ne reste aucune trace que la tradition qui y fait naître Adélaïde. Au concile tenu à Lombers contre les *bonshommes* albigeois, en 1165, il est fait, affirme Bonhoure, mention de Burlats (3). Constance assiste au concile, ainsi que Raymond Trencavel, mais on ne peut évidemment rien conclure de ce rapprochement.

Il est certain au contraire que Raymond Trencavel a passé par Burlats, car, en 1166, c'est de là qu'il permet à son fils Roger de construire le château de Cambounès (4). Quand ce dernier fut excommunié, en 1178, sa femme, Adélaïde, habitait Castres (5). Deux ans plus tard, elle fait serment sur les Evangiles, à Burlats en Albigeois, de protéger l'abbaye de Salvanès en Rouergue (6). En 1202, son fils Raymond-Roger, le dernier des vicomtes d'Albi et le plus célèbre, par sa lutte contre Simon de Montfort, se

(1) Le renseignement se trouve dans Louis Barbaza, *Annales de la ville de Castres depuis les origines jusqu'à la réunion du Comté de Castres au domaine de la Couronne, 647-1519.* (Castres, 1886, in-12, p. 48); l'auteur n'en donne pas la source mais il passe pour un travailleur sûr et consciencieux. Il est en contradiction avec l'opinion du baron G. de Blay de Gaïx, *Etudes historiques sur les seigneurs et barons de Gaïx*, (Montauban 1881, in-8°, p. 18,) qui fait mourir Cécile vers 1136. Il s'accorde au contraire avec les preuves données par dom Vaissete qui place cette mort entre 1147-1150 (III, 751 ; V, n. 470, 471 et 475).

(2) Archives départementales ; voir P. Roger (ouv. cit.)

(3) Je n'ai d'ailleurs su retrouver cette mention ni dans dom Vaissete (VI, 3), ni dans la copie manuscrite du procès-verbal *du Concile.* (*Collection du Languedoc*, LXXVII, fol. 63-69).

(4) Dom Vaissete (V. 1303 ; VI. 27).

(5) Même ouvr. (VI, 81-82).

(6) Archives de l'abbaye de Salvanès en Rouergue. Copie manuscrite de la *collection du Languedoc* (LXXVII, fol. 178). Dom Vaissete (VI, 81-82).

trouve aussi à Burlats où il amortit les terres nobles acquises par l'évêque d'Albi (1).

Les documents sur la ville et le monastère s'interrompent pendant la guerre des Albigeois et le cours du XIIIe siècle (2). Mais en 1318, on trouve une bulle du pape Jean XXII établissant à Saint-Pierre un chapitre collégial avec le droit de concourir à l'élection des évêques de Castres (3) ; ce droit leur fut enlevé par Clément V en 1343 (4). A la veille des guerres de religion, en 1533, le chapitre a encore une existence assez active ; c'est au doyen de Saint-Pierre que le pape s'adresse pour veiller à l'exécution d'une bulle désignant un prieur à l'église de Castres (5).

La Réforme a eu de bonne heure des adeptes dans ce pays constamment troublé par les dissensions religieuses. Un jacobin, Martini, déclarait en chaire, dans la collégiale, qu'il n'y a pas de purgatoire. Il est brûlé à Castres en 1554 ou 1555. Un prêtre, Madaule, dut être coupable d'hérésies

(1) Ms. *fonds Doat* (CV, fol. 128) ; *Revue du Tarn* (VI-192).

(2) Pendant toute la seconde moitié du XIIIe siècle, des actes nombreux contiennent les noms de Jean, Jean le Vieux, Géraud et Germond de Burlats (*Archives nationales, Inventaires et documents publiés par A. de Laborde, layettes du trésor des Chartes* III, 10 a ; *Gallia christiana* I. Instr. 88 a ; dom Vaissete, VI, 924, VII, e 316, VIII, p. c. 1633, 1694, IX, 126, 131, 197, X, c. 179 ; G. de Blay de Gaïx, ouvr. cité pp. 30-42, 208-212). Aucun de ces actes ne nous renseigne sur ce que nous cherchons. L'histoire des Montbrun, qui prennent le titre de seigneurs de Burlats de 1313 à la fin du XVe siècle, ne nous est pas d'un plus grand secours. (de Blay de Gaïx, *ouvr. cité*, pp. 44-52 ; Bességry, *Revue du Tarn* 1897, pp. 11-16, 125-126.)

(3) Ms. *Collection du Languedoc* (III, fol. 182) ; dom Vaissete (IX, 273).
Le chapitre reçoit en don la chartreuse de Beauvoir. Le premier doyen fut Raymond de Sainte-Gemme, (*Gallia Christiana*, I, 69-70,) qui devint en 1364 abbé de Saint-Pons et mourut en 1374 (dom Vaissete, IV, 434). — C'est à lui sans doute que succéda Ratier de Lautrec. Son oncle, qui portait le même nom et qui fut abbé de Moissac de 1334 à 1361, l'avait envoyé, avec deux autres de ses neveux, à Toulouse, où il suivit les cours de l'Université et prit le grade de docteur. La *Chronique d'Aymeric de Peyrac* (fol. 167, r°, col. 1) lui donne le titre de doyen de la collégiale de Saint-Pierre de Burlats. Voir E. Rupin (*ouvr. cit.*, p. 127).

(4) Bonhoure, ouvr. cité et *Revue du Tarn* 1875, p. 88.

(5) Ms. *fonds Doat* CXVII, fol. 78.

moins graves, car il fut condamné seulement à porter le fagot et à faire amende honorable devant l'église (1). Les premières guerres de religion, cependant, respectèrent la ville car, en 1563, les chanoines vaquaient journellement aux exercices du culte sans rencontrer d'opposition (2). Il est difficile de tirer un récit certain des évènements des versions souvent contradictoires des contemporains, et les historiens récents n'ont pas toujours facilité cette tâche. La date de 1509 donnée par M. S. Guénot (3), celle de 1559, par Canet et par M. Bonnay, pour une première prise de Burlats par les calvinistes, proviennent évidemment d'une erreur de lecture. Il s'agit sans doute du siège du 10 juin 1569 raconté avec force détails dans Marturé, Bonhoure et autres. Or ce n'est pas Burlats, c'est Berlan près Montredon qui a été pris à cette date (4). Mais il semble indiscutable qu'en juillet 1573, Burlats soit tombé au pouvoir de Bouffard-Lagrange, chef du parti calviniste (5). La même année, la paix de la Rochelle rend la ville aux catholiques.

On comprend que le chapitre, traverse alors une période assez troublée. Dès 1565, le Parlement et l'évêque en avaient ordonné vainement le transfert à Lautrec (6). Le 29 septembre 1567, les religionnaires arrêtent à Castres le doyen de la Collégiale avec quelques ecclésiastiques et moines, et ne les relâchent que contre rançon (7). Pendant le siège de 1573, ceux des chanoines qui étaient restés à Burlats furent

(1) Gaches. *Mémoires sur les guerres de religion à Castres dans le Languedoc 1555-1610.* (Edition Ch. Pradel. Paris 1879 gr. in-8°, pp. 1 et 2.)

(2) Lettre du sieur de Caylus à la reine mère, 13 sept. 1563. Dom Vaissete (XII, c. 700).

(3) S. Guénot. *Excursion au Sidobre* (*Bulletins de la Société de géographie de Toulouse 1891*, pp. 174 et suiv.).

(4) Gaches, (éd. Ch. Pradel, p. 84).

(5) Gaches (150-53) ; Jean Faurin. *Journal sur les guerres de Castres 1559-1602* (Ed. Ch. Pradel. Montpellier. 1878, gr. in-8°) ; Borel (p. 103.) Dans les *Mémoires* de Batailler, publiés par Ch. Pradel (*Revue du Tarn*, année 1893, p. 38). Lagrange est déjà en 1572 gouverneur de Burlats ; mais le passage prête à confusion.

(6) Bonhoure (*Rev. d. Tarn*, 1878, p. 96).

(7) Dom Vaissete (IX, 482).

tués (1). Mais la plupart s'étaient sauvés à Castres; ils y conclurent avec le chapitre de la ville un accord qui mettait à leur disposition, pour les offices, l'église Saint-Jacques de Villegoudou (2). Quelques-uns, en 1579, étaient encore dispersés à Labruguière et à Lavaur; l'année suivante, dans une réunion capitulaire qui eut lieu à Labruguière, ils décidèrent d'obéir enfin aux ordres de l'évêque et du Parlement et de se rendre à Lautrec. A cette époque (1584) *l'église n'était plus qu'un monceau de ruines*. On disait l'office sous la voûte d'une maison de la confrérie du Saint-Sacrement. Le château n'avait pas dû être mieux respecté : en 1595, le seigneur de Burlats, messire de Castelpers, n'avait pas d'habitation dans la ville (3).

Au commencement du XVIIe siècle, de Grandis, en 1613-1614, envoyé du roi Louis XIII, rédigea un rapport sur les réparations nécessaires à Burlats (4). Deux mille livres furent employées à la restauration d'une chapelle. De Grandis acquit le domaine de Burlats en 1615 et y fit construire, dit-on, le château actuel, vers 1620 (5).

Mais une nouvelle période de guerres s'ouvre à la suite de l'assemblée de la Rochelle (1621). Le duc de Rohan soulève encore une fois le parti protestant. Un nouveau sac de Burlats, en 1622, est signalé par Bonhoure. On parle aussi d'un incendie qui aurait détruit en 1625 les voûtes et le clocher de l'église, le cloître et les bâtiments du sud. Ce qui est certain c'est qu'en 1628 la ville était au pouvoir des protestants et qu'elle fut reprise de force par l'armée catholique conduite contre Rohan par le prince de Condé (6).

(1) Gaches (p. 151).

(2) Faurin.

(3) Bonhoure.

(4) Bonnay. (L'auteur n'indique par ses sources).

(5) Malgré le témoignage de Bonhoure, et le peu de style du château, celui-ci pourrait paraître cependant un peu plus ancien. Il y a d'ailleurs quelques contradictions dans la liste que l'on donne des propriétaires successifs de Burlats. Peut-être a-t-on confondu deux choses différentes. la seigneurie de Burlats et l'habitation de de Grandis.

(6) *La prise de la ville de la Croisette et le chateau de Burlas, places fort importantes, avec la suite de ce qui a été fait par l'armée de Mgr le Prince*. (Paris 1628, in-8°).

Castres et Burlats furent démantelés trois ans plus tard par ordre de Richelieu, sous la surveillance de l'évèque d'Albi. Quelle que soit la date de l'incendie et la responsabilité de chacun des deux partis, la tradition s'en était encore conservée au commencement du siècle suivant(1).

La paix définitivement établie, l'évèque ordonna au chapitre le retour à Burlats (1642). Celui-ci refusa, alléguant, non sans raison, l'état des lieux. L'affaire fut portée devant le Conseil du roi qui prescrivit une enquête (12 février-9 mars). Les commissaires ne trouvèrent debout que la maison du baron de Ferrières et celle de de Grandis. *A l'église*, disent-ils, *on ne voit que « de vieilles murailles crevassées, des chapelles ruinées dont il ne reste plus que les fondements. La chute du clocher a tout rempli de ruines...* » (2). Des réparations furent faites la même année au collatéral nord (3); mais le retour du chapitre, s'il eut lieu, ne fut pas de longue durée. En 1669, il était de nouveau transféré à Lautrec (4), d'où il continua à percevoir des droits sur Burlats (5) jusqu'à sa suppression, en 1790 (6).

En 1844, on abandonna complètement l'ancienne église, et, fort heureusement pour nous, ce n'est pas sur ses ruines

(1) « Après les guerres de M. de Rohan, que l'église feust breulée, ne pouvant pas faire le service divin l'on dressa un autel au bas de la maison de ville pour y célébrer la messe... » *Mémoire* de 1727 pour un procès entre la communauté de Burlats et le chapitre collégial de St-Pierre (cité par Bonhoure, *Monogr.*. p. 17).

(2) Bonhoure, (*Rev. du Tarn*, 1878, pass. cité).

(3) Bonnay (on aimerait à connaître le document dont s'est servi l'auteur).

(4) Dom Vaissete (XIII). — L'exercice du culte se continue d'ailleurs sans interruption dans l'église jusqu'en 1791. — Au XVIIIe siècle, le Conseil de la commune délibérait encore sur les réparations à faire à la nef. Voir l'*Inventaire sommaire des Archives départementales* publié par E. Jolibois en 1889 (E 1195-99, BB 3-7 et E 1176, BB 3)..

(5) Notamment en 1759. Bonhoure.

(6) Pour avoir le choix entre les causes de destruction violente de l'église, on peut lire dans un article, d'ailleurs rempli d'inexactitudes, qu'en 1793 le château et l'église ont été dévastés une fois de plus par les révolutionnaires. Je laisse à l'auteur la responsabilité de cette information dont il n'apporte pas les preuves. S. Guénot (*ouvr. cit.*).

que fut édifié le nouveau Saint-Pierre. En 1845, les ruines furent classées parmi les monuments historiques.

Si l'on ne met pas au jour des documents nouveaux et si l'on ne force pas le sens de ceux qui sont déjà connus, que peuvent nous apprendre les textes sur notre monument ?

Qu'en 1584, après les guerres de religion, il était déjà en ruines.

Qu'il a été réparé en partie au commencement du XVIIe siècle ; peut-être incendié, puis réparé de nouveau quelques années après.

Qu'il a eu un clocher.

Mais de la construction de l'édifice et de ses remaniements avant le XVIIe siècle, nous ne savons absolument rien.

L'intervention de Constance ou d'Adélaïde, même en admettant qu'elles aient séjourné à Burlats, n'est pas plus prouvée que, par exemple, celle de Cécile de Provence, la fondatrice du monastère d'Ardorel. Elle était d'ailleurs bien inutile. Un monastère existe à Burlats, on l'a vu, dès le Xe siècle, et c'est, à n'en pas douter, un monastère bénédictin. La congrégation de Saint-Benoît, qui comptait par milliers ses établissements tant en France qu'à l'étranger et qui disposait d'une puissance et de ressources considérables, n'aurait certainement pas refusé le concours des grands seigneurs laïques pour réédifier une de ses églises ; mais leur initiative était loin de lui être indispensable.

On a voulu encore se servir de la bulle de 1318 pour expliquer et dater les fenêtres et la rose de style gothique rayonnant percées dans la façade occidentale. Après que Saint-Pierre eut été érigée en collégiale, a-t-on dit, il fallut donner plus de jour à la nef pour permettre aux chanoines de lire leurs offices. En réalité, le besoin d'une lumière toujours plus grande dans les édifices s'est fait sentir en tout temps, mais surtout dès le XIIIe siècle, c'est-à-dire dès que les progrès de l'art de construire ont permis d'ouvrir de larges baies dans les murs sans compromettre l'équilibre des voûtes et des piles. Ajoutons que pour procurer du jour aux chanoines, c'est-à-dire pour éclairer le chœur de l'église, c'eût été un procédé assez malheureux que de percer des baies à l'autre extrémité du monument.

Une autre tradition qu'il ne faut guère avoir l'espoir d'ébranler, mais que l'on peut examiner dès maintenant, est celle qui se rapporte au « *pavillon d'Adélaïde* ». On désigne sous ce nom une construction sans grand caractère, aujourd'hui englobée dans les bâtiments d'une manufacture qui s'élève au bord de l'Agoût, au Sud-Est de l'église. Au premier étage de cette sorte de tour rectangulaire, s'ouvrent sur le petit côté une baie géminée, au midi quatre baies semblables, toutes très heureusement décorées, qui n'ont pas été classées — on ne sait pourquoi — parmi les monuments historiques (1). Personne ne doute aujourd'hui que nous n'ayons là les restes du château où Arnaud laissait entendre à Adélaïde ses vers irrésistibles (2).

Il n'y a pas grande confiance à accorder, dans un cas semblable, à la tradition. Combien y a-t-il en France de maisons de Diane de Poitiers, de la reine Anne ou d'Agnès Sorel, dans lesquelles ces aimables personnes n'ont jamais mis le pied ? Et chacun sait que la maison de la reine Marguerite était simplement la propriété d'un bourgeois nommé Philippe Tricouillard. C'est presque une loi, lorsqu'on conserve à la fois dans une ville un monument ancien dont l'histoire est incertaine et le souvenir d'un personnage fameux, plus ou moins contemporain de ce monument, que l'opinion populaire place toujours le personnage connu dans le décor connu (3).

(1) E. Jolibois s'en est plaint ici-même, exprimant la crainte de voir disparaître un beau jour ce curieux spécimen de l'art au XIIe siècle. Il aurait été rassuré s'il avait connu le propriétaire actuel. M. Alayrac ne laissera pas disparaître le pavillon, pas même pour se débarrasser des archéologues et des touristes qui envahissent ses toits afin de voir de plus près les sculptures.

(2) On a fait quelquefois le même honneur à divers autres monuments du pays : la tour de la *Vistoure*, ou encore une ruine qui couronne un des sommets environnants; M. Bonnay désigne même sous le nom de pavillon d'Adélaïde le château du XVIe ou du XVIIe siècle dont nous avons parlé. Naturellement, il ne reprend pas pour son propre compte cette tradition encore plus invraisemblable.

(3) Pour prendre un exemple dans la région, on peut entendre affir-

Remarquons qu'ici la tradition ne remonte pas aussi loin qu'on pourrait le croire. Les premiers auteurs qui ont mentionné Burlats, ne parlent que de guerres de religion, des plantes rares de la contrée, des marbres du mont Paradis (1). En somme, c'est à l'époque romantique, en même temps que se répand l'aventure du galant troubadour, qu'apparaît le nom du pavillon. En 1834, même, Taylor, qui raconte déjà les amours d'Adélaïde, publie un dessin du pavillon sous le simple titre de « maison à Burlats » (2).

Encore une fois on n'apporte ici aucun texte en faveur de la tradition ; bien plus, ceux que nous connaissons déjà se retournent contre elle. On se souvient, en effet, qu'en 1595 l'ancien château n'existait plus. On peut admettre à la rigueur que quelques restes en aient subsisté ; mais pourquoi n'ont-ils pas été signalés dans l'enquête assez minutieuse de 1642 sur l'état du village? Il faut revenir à ce document, dont nous avons cité plus haut, d'après Bonhoure, le début.

Après avoir constaté l'état de l'église, les commissaires

mer à Castres que la vieille maison située près du Carras (et qui est connue d'ailleurs sous des noms divers) était celle de Simon de Montfort. Malgré l'archivolte en plein cintre de sa porte, elle lui est postérieure au moins d'un siècle. Mais si on ne trouve pas à substituer à Simon de Montfort un propriétaire aussi célèbre, on peut être assuré que la maison sera un jour à lui sans conteste.

(1) Voir Gaches, Faurin, Bataiiler, Borel et les *notes topographiques* de la *Collection du Languedoc* (XIII f. 10).

(2) Il n'est pas sans intérêt de noter que ce dessin, suffisamment exact pour les détails de l'ornementation, nous donne une vue méconnaissable de l'ensemble. Les fenêtres sont placées beaucoup plus près du sol qu'aujourd'hui ; un bel appareil régulier (comme aujourd'hui dans les chaînages des angles ou les piédroits des fenêtres) garnit les pleins, que des éclats de schiste bouchent tant bien que mal maintenant ; au lieu du triple encorbellement de tuiles qui supporte aujourd'hui le toit d'une façon assez prosaïque, on voit, dans le dessin, des fragments d'une élégante corniche, décorée de damiers, derrière laquelle surgit une végétation abondante. Ne faut-il voir dans ces différences que les fantaisies « pittoresques et romantiques » du dessinateur? ce n'est pas bien certain, car des traces de brusques remaniements se voient dans le monument lui-même. Que l'on remarque en particulier entre les fenêtres quelques belles pierres d'appareil égarées dans le blocage de schiste, et, au même endroit, deux modillons attachés à des fragments de corniche qui ne supportent rien.

qui conduisent l'enquête continuent leur description. En allant de l'église, le long de la rue, vers le pont, ils trouvent la sacristie, la trésorerie, ses greniers et ses caves, les maisons de divers officiers du chapitre, chirurgiens, apothicaires, boulangers et autres ; puis, *en tirant vers la porte de la Grave, du côté de la rivière, quelques restes du petit cloître ; près de là, la maison des prébendiers et autres bénéficiers ; la maison du pénitencier tenait la porte de la Grave, et, le long de la rivière, se trouvaient celles du doyen et des autres chanoines. On évalue à plus de deux cents cannes la ligne de ceinture du fond du chapitre.*

Le cadastre de 1595, que Bonhoure a eu entre les mains, serait ici précieux pour nous (1), mais il n'est pas indispensable de se mettre à sa poursuite : la topographie de Burlats est assez simple pour qu'on puisse s'en passer. Le vieux pont existe encore ; la route continue pendant quelques mètres sa direction, puis, toujours en ligne droite, longe la façade occidentale de l'église et aboutit au château. Elle est donc nécessairement sur l'emplacement de la rue signalée dans l'enquête. Dès lors, à moins de placer le monastère en travers de la route, nous en avons là la limite orientale. La rivière nous donne la limite méridionale ; l'église ferme, au moins en partie, le côté nord. Il n'y a plus qu'un simple calcul à faire : la canne est une mesure de longueur qui a varié entre 1m71 et 2m98 ; notre enceinte a donc de quatre cents à six cents mètres ; encore le document parle-t-il de la ligne de ceinture *du fond* du chapitre seulement, c'est-à-dire, semble-t-il, de la façade du bord de l'eau. De toutes façons, le prétendu pavillon d'Adélaïde y rentre facilement.

Mais en allant du pont au pavillon, on ne peut s'empêcher de faire un rapprochement. Sur le *quai Adélaïde* actuel, dans la même manufacture, au sud et non loin de la collégiale, on remarque les restes de quatre baies géminées, dont trois sont murées ou défigurées par des croisées beaucoup plus récentes, mais dont l'une n'a perdu que sa

(1) Je suis heureux de remercier ici, M. Viala, instituteur à Burlats, des recherches, malheureusement vaines, qu'il a bien voulu faire à mon intention dans ses archives.

colonnette centrale. Une comparaison de ces quatre fenêtres avec celles du pavillon révèle des ressemblances si étroites dans la composition et dans les détails qu'il est difficile de les attribuer à deux monuments entièrement distincts.

Notre document n'est pas assez ancien pour donner à lui seul la certitude absolue que l'un et l'autre n'ont jamais été que des dépendances du monastère. En le rapprochant cependant de l'aspect extérieur de ces monuments et en remarquant leur emplacement, je n'hésite pas à substituer à la tradition cette hypothèse comme beaucoup plus vraisemblable.

Cela m'excusera peut-être déjà d'avoir compris dans une étude sur Saint-Pierre les deux pavillons. Malheureusement cela fait évanouir la dernière chance de connaître par leurs fondateurs la date, même approximative, de nos édifices. Il nous reste à voir si l'examen de leur construction et de leur décoration nous renseignera mieux sur leur histoire.

LA CONSTRUCTION

Le plan et les croquis ci-joints me dispenseront d'augmenter ces notes d'une description détaillée des ruines. On voit que l'extrémité nord-est de l'église est à peu près intacte et que, d'une façon générale, les quatre façades sont encore debout, A l'intérieur, il reste assez de piles, de sommiers d'arcs, d'amorces de voûtes pour que l'on puisse retrouver à coup sûr les détails essentiels du plan. Si l'on débarrasse par la pensée les constructions primitives des additions plus récentes qui les défigurent, il n'y a aucune difficulté à reconstituer l'ancienne église, tout au moins dans ses parties basses, telle qu'elle était à l'époque romane.

Elle s'allonge parallèlement à la rivière, perpendiculairement à la route : son orientation est incorrecte, l'abside regardant le nord-est. L'axe du chœur se confond sensiblement avec celui de la nef; une légère déviation vers la gauche est à peu près imperceptible. D'une travée à l'autre, on note parfois dans des dimensions correspondantes des différences de 0,20 centimètres, mais elles se remarquent à peine : le plan reste régulier, bien ordonné, simple, harmonieux.

La nef centrale était recouverte d'un berceau nervé ; les deux nefs collatérales, très étroites, de voûtes d'arêtes. Les trois nefs se terminaient chacune directement par une abside ou une absidiole en cul-de-four. Le transsept, en berceau nervé, laissait dépasser au nord et au sud ses bras d'une travée, donnant ainsi à l'ensemble la forme de la croix latine.

L'appareil (dans les parties basses) est assez soigné. Des moëllons, larges en moyenne d'environ 0m35, hauts et épais d'environ 0m20, forment le revêtement des murs et des piles. Une tradition locale veut qu'ils proviennent de la Verdarié, à six ou sept kilomètres de là. Les carrières de Saïx, à quinze kilomètres, fournissent de nos jours un calcaire analogue. Le granit, que l'on extrait aujourd'hui des blocs du Sidobre en quantité assez abondante, ne figure pas plus dans notre église que les marbres du mont Paradis. Le schiste même, qui affleure partout le sol dans la vallée, et qui est très facile à débiter, n'a été employé (dans les parties basses) que comme blocage, à l'intérieur des piles ou des murs et dans les voûtes d'arêtes. Exceptionnellement, dans quelques contreforts, il remplit, soigneusement paré, les vides laissés par les chainages des angles. De mètre en mètre, des trous ont été ménagés pour les échafaudages.

Les contreforts, ainsi que les angles des murs, selon l'habitude, sont en besace, sans pierres coudées. Ils sont peu épais, terminés par un simple rampant.

Au-dessus et à l'intérieur des arcatures de la porte nord, on voit un appareil à écailles très bien exécuté.

Les piles, assises sur un tambour en maçonnerie, sont du type le plus usuel dans toutes les écoles romanes depuis la fin du xie siècle : le pilier, cruciforme, flanqué de quatre demi-colonnes, se couronne d'un tailloir multiple.

Les colonnes engagées sont demi-cylindriques, sans renflement ; sensiblement plus étroites que les arcs qu'elles supportent, elles ne sont guère moins épaisses. Aussi les chapiteaux sont-ils surtout évasés dans le sens de la lar-

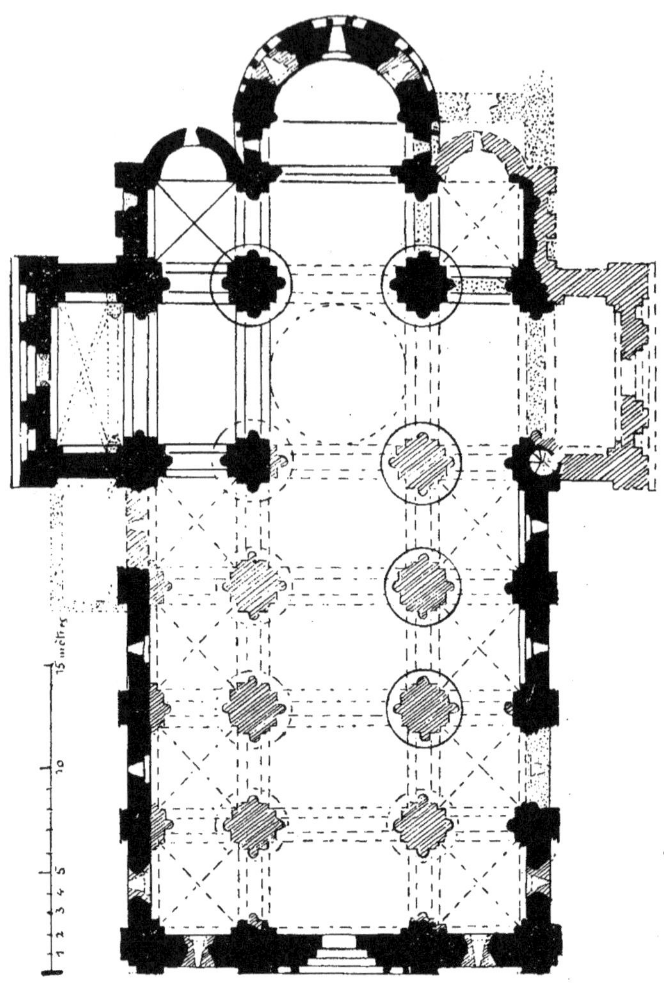

Fig. 1

Pour rendre la figure plus lisible, à cause de son échelle réduite, on n'a figuré dans le collatéral septentrional ni les constructions modernes que l'on vient de démolir, ni celles que l'on va leur substituer.

Le noir et les lignes pleines sont réservés aux constructions romanes qui subsistent encore ; les hachures et les traits interrompus restituent les parties disparues ; le pointillé représente les additions postérieures.

geur. Le tailloir, assez proéminent, pouvait facilement supporter les cintres pendant la construction.

Tous les arcs primitifs sont en plein-cintre, souvent surhaussé, parfois légèrement outrepassé. Sauf les arcs formerets adossés aux murs gouttereaux, qui sont simples, tous se décomposent en deux rouleaux : les colonnes engagées supportent le rouleau inférieur ; les piliers l'archivolte qui l'entoure. Ils sont mutuellement indépendants, et indépendants aussi des voûtes qu'ils soutiennent.

La voûte en berceau est appareillée, mais il est difficile d'en affirmer autant des voûtes d'arêtes. Ce que l'on peut en voir nous montre plutôt quelques arêtiers sommairement taillés au départ de la voûte et faisant place aussitôt à un blocage assez comparable à la concrétion des voûtes romaines. Une de ces voûtes reste entière, auprès de l'absidiole nord, mais elle est trop abondamment badigeonnée pour laisser deviner quelque chose de son appareil. Son tracé est assez bombé, la rencontre des arêtes ayant lieu à 0m40 environ au-dessus de la clef des arcs latéraux.

Les baies sont rares et étroites, surtout si l'on tient compte de l'épaisseur des murs et des piles. Une porte, au sud, devait faire communiquer l'église avec le monastère ; mais le bras du transsept où elle devait s'ouvrir a entièrement disparu. Il nous reste les portes de l'ouest et du nord. Elles sont composées chacune de trois arcades supportées par des colonnettes ; mais celles des côtés étaient et sont aveugles ; seule l'arcade centrale, allégée par plusieurs voussures, donnait entrée dans l'église. Les arcades sont prises dans l'épaisseur du mur, mais le mur a été épaissi à mi-façade, entre les deux contreforts, à l'endroit où s'ouvre la porte ; une corniche supplémentaire le surmonte et le protège.

Les fenêtres qui s'ouvrent sur le chœur, l'abside et les bas-côtés, ont été pour la plupart remaniées. Quelques-unes cependant sont intactes. En plein-cintre, étroites à l'extérieur comme de véritables meurtrières, elles s'évasent de dehors en dedans, et s'encadrent, à l'intérieur, dans un arc pris dans l'épaisseur du mur. Aucune trace de feuillure ne permet de croire qu'elles aient jamais eu un vitrage.

A l'angle du bas-côté méridional et du transsept, dans l'épaisseur du mur renforcé d'une pile et de son contrefort extérieur, quelques marches nous indiquent l'emplacement d'un étroit escalier à vis (son rayon est d'environ $0^{m}60$). Il ne paraît pas y avoir eu d'autre moyen d'arriver aux parties hautes de l'église, c'est-à-dire au clocher et aux galeries supérieures.

L'emplacement du clocher au-dessus de la croisée des nefs est indiqué par la remarquable épaisseur des piles en cet endroit et par la proximité de l'escalier. De plus, il n'y a aucune trace en cette travée centrale ni d'une pénétration des deux berceaux donnant naissance à une voûte d'arêtes, ni d'une surélévation de l'une des nefs suffisante pour éviter cette rencontre des berceaux. Cette travée centrale s'élevait donc au-dessus des autres en forme de tour. Elle pouvait être couverte par une coupole reposant sur des pendentifs en trompe, selon la mode de la Bourgogne, de l'Auvergne et du Poitou.

Les galeries supérieures sont signalées par trois meurtrières, au-dessus des fenêtres des bas-côtés et par une amorce de voûte, au-dessus des troisième et quatrième travées du collatéral sud (en A, fig. 3). Mais l'établissement d'un projet exact en élévation, outre les causes d'erreur habituelles, est ici difficile, car il ne nous reste à peu près rien des parties hautes, et ce qui nous en reste entre mal dans un tracé simple et prévu.

Cela a conduit M. E. Bonnay, dans le travail déjà cité, à une interprétation que nous devons examiner avec d'autant plus de soin qu'elle n'aboutit à rien moins qu'à découvrir en Saint-Pierre de Burlats un cas absolument exceptionnel, un cas unique dans l'histoire de la construction au moyen-âge.

« L'état actuel de nos ruines, dit M. Bonnay, nous donnant la hauteur de la corniche, la largeur des bas-côtés et de la nef, de plus les naissances des doubleaux et des voûtes, rien n'a été plus facile que de voûter notre édifice, de déterminer le tracé de ses voûtes. Mais, en poursuivant cette opération, en prolongeant le segment de voûte du dessus des bas-côtés, ce demi-berceau passait bien au-dessus de la voûte de la nef, ne buttait rien, tombait dans le vide et nous laissait très perplexe sur son mode de raccordement avec la construction primitive. » (p. 9.)

M. Bonnay remarque alors une amorce d'arc au-dessus du chœur et l'idée lui vient de prolonger le tracé de cet arc. Cela fait, il constate aussitôt « que le demi-berceau de la galerie au-dessus des bas-côtés ne tombait point dans le vide, mais buttait un berceau supérieur aux voûtes de la nef. »

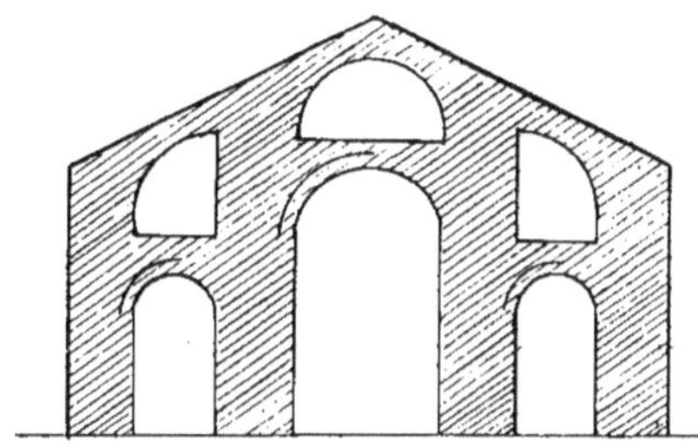

Fig. 2

La figure 2 explique sommairement cette disposition, telle qu'elle se dégage de la théorie de M. Bonnay. Son trait essentiel est la présence d'une galerie voûtée au-dessus de la nef principale, contrebutée par deux galeries collatérales servant à la défense de l'église. Cette galerie supérieure centrale formerait comme des combles en pierre, laissant ainsi à la circulation la place qu'aurait occupée une inutile, coûteuse et lourde maçonnerie. Outre son rôle comme réduit défensif, elle faciliterait l'examen, la surveillance et la réparation des couvertures.

Enfin, cette disposition ne serait pas due à des causes accidentelles, elle ne résulterait pas de remaniements postérieurs à la construction primitive ; elle serait « ancienne, voulue, originale » (p. 11).

On peut tout d'abord se demander pourquoi ce type de construction, s'il offrait réellement tous les avantages qu'on lui a trouvés, serait resté, sauf erreur, un fait absolument isolé dans l'histoire de la construction romane et gothique, un procédé sans autre exemple à une époque où les constructeurs sont si empressés à s'approprier les trouvailles de leurs devanciers. Serait-ce que le principal de ces avantages, la suppression d'un massif de maçonnerie pesant sans utilité au-dessus de la grande nef, était obtenu partout bien plus simplement, et notamment dans toutes les églises de l'Auvergne et de l'Aquitaine qui présentent des collatéraux à deux étages ? Il suffisait, en effet, de placer un peu plus haut la voûte de la nef centrale.

Mais il n'y a pas que des arguments a priori pour faire naître nos doutes. Ce qui rend la théorie de M. Bonnay plus hypothétique, c'est que les divers éléments de son projet ont été pris séparément en des parties différentes de l'église, mais ne se présentent nulle part ensemble, sur une même travée. Nous ne voyons rien de semblable dans les parties intactes du monument, c'est-à-dire le transsept septentrional et la deuxième travée du chœur. Dans la région où est signalée l'amorce d'arc utilisée pour le tracé de la galerie centrale supérieure, il n'y a aucune trace de collatéraux supérieurs, et il n'y en a certainement jamais eu en cet endroit. Ceux-ci au contraire se rencontrent uniquement avant la croisée du transsept, c'est-à-dire là où nous n'avons guère de la nef centrale que le plan.

Recherchons du moins s'il est possible de réunir sur la nef centrale les deux voûtes du projet, et pour cela énumérons les éléments qui peuvent nous permettre de les reconstituer. D'une part, en B (fig. 3), dans la seconde travée du chœur (le sanctuaire), un arc doubleau, prenant naissance à un peu plus de 6^{m} au-dessus du sol actuel, supporte une voûte de 10^{m} (1). D'autre part, nous avons la voûte du croisillon septentrional dont les arcs prennent leur naissance à 7^{m}50 et qui atteint 11^{m}15 d'élévation (en C. fig. 3). Enfin à l'entrée et de chaque côté de ce même croisillon septentrional, restent fixées les premières assises des doubleaux de la nef : partant de la même hauteur que ceux du

(1) Mon ami R. Nauzières vient d'avoir l'obligeance, avec l'aide de M. Louis Galinier, de contrôler et de compléter les mesures que nous avions prises ensemble sur les lieux.

transsept, ayant une même ouverture, ils ne pouvaient qu'être destinés, semble-t-il, à soutenir une voûte de même élévation. L'amorce de cette voûte se voit encore en D (fig. 3), enveloppant l'un d'eux (l'arc triomphal). La différence de hauteur entre cette voûte et celle du sanctuaire

Fig. 3

peut être de 1m15. Si l'on en retranche l'épaisseur de l'arc doubleau supérieur (0m65) et l'épaisseur de la voûte inférieure qui ne pouvait être moindre de 0m20, une galerie supérieure n'aurait sous les nervures que trente centimètres de hauteur et serait, on en conviendra, peu propre à la circulation.

En observant cependant, en D, l'amorce de la voûte supérieure, on voit qu'elle pourrait engendrer une courbe plus aigüe que celle de l'arc du transsept : elle se prêterait assez bien, par exemple, au tracé d'un berceau brisé dont le sommet serait à 12m au-dessus du sol. (Cette hypothèse trouvera plus loin son explication.) Mais, dans ce qui nous en reste, la maçonnerie de la voûte s'appuie exactement sur l'extrados de l'arc triomphal, et, dans cette région qu'il est aisé d'examiner de près, je n'ai rien vu qui indiquât un vide entre elle et lui, rien surtout qui permît de la représenter comme un *arc* indépendant. C'est ainsi pourtant qu'elle est représentée dans la *coupe par le transsept* à laquelle nous renvoie M. Bonnay, où elle se détache sous la forme d'un arc supérieur isolé. C'est là évidemment l'arc dont l'emplacement est désigné, avec quelques contradictions, aux pages 7, 8, 9, 10 et 11 de la notice et qui est le seul témoin invoqué pour la reconstitution d'une galerie supérieure.

Admettons un instant l'existence et le tracé de cet arc : en le prolongeant sur le dessin, il se logerait sous une voûte haute d'environ 12^{m}80. Si l'on tient compte de l'épaisseur des doubleaux et de la maçonnerie, c'est dans ce dernier cas seulement qu'il pourrait y avoir place, entre les deux voûtes extrêmes de 12^{m}80 et de 10 m., pour une galerie praticable. Dans la coupe par le transsept dessinée par M. Bonnay, plusieurs travées voisines se trouvant rabattues sur un même plan vertical, selon une convention légitime mais qui prête ici à confusion, l'arc du sanctuaire vient retomber sur les piles de la première rangée du chœur et les deux voûtes sont présentées comme superposées. Mais entre elles deux se laisse entrevoir aussi l'amorce de l'arc triomphal. A moins de ne tenir aucun compte de celui-ci, il y aurait donc non plus une galerie supérieure mais deux, l'une et l'autre d'ailleurs absolument inutilisables.

En réalité et au total, au dessus du sanctuaire, il y a une voûte de 10 m.; dans le reste de la nef et sur le transsept il y a une voûte de 11^{m}15 (de 12 mètres si l'on accepte le tracé du berceau brisé, de 12^{m}80 si l'arc en question existe réellement). De toutes façons, devant les dessins établis par M. Bonnay comme devant les ruines elles-mêmes, une superposition de ces deux voûtes ne se montre nullement indiquée et apparaît même comme matériellement impossible. Elle n'était enfin d'aucune utilité et il se présente une solution bien plus naturelle : c'est que la voûte (unique) de la nef s'abaissait de quelques pieds dans le sanctuaire, solution en même temps fort logique, car cet abaissement de la nef centrale a lieu précisément à l'endroit où cesse la butée des bas-côtés.

Cependant, comme il ne suffit pas qu'une explication soit simple et raisonnable pour être la vraie, on peut revenir encore à l'examen du monument qui, fort heureusement, s'est conservé à l'endroit où s'opère sous nos yeux le raccordement des deux parties de la voûte. Le vide causé par la différence de leur hauteur est comblé par une sorte de tympan aveugle en maçonnerie (en B, fig 3). Or, aucun désordre dans l'appareil, aucune trace d'arrachement ne témoigne que la voûte de 10 mètres se soit continuée ici au dessous de la voûte supérieure. Et celle-ci au contraire prend correctement naissance sur une corniche et sur des chapiteaux placés à 1^{m}50 environ plus haut que dans le sanctuaire et qui étaient nécessairement dans l'intérieur de la nef.

Il reste à opérer la jonction du tracé de cette nef centrale avec celui des collatéraux supérieurs. Mon tracé est le vrai, dit M. Bonnay, parce qu'il est le seul possible. Y a-t-il vraiment un seul tracé possible dans un cadre aussi dégarni que celui qui nous reste et avec cet art de tâtonnements et d'incertitudes qu'est l'architecture romane ? C'est bien improbable, surtout si l'édifice n'a pas été construit d'un seul coup et si l'on risque de prendre comme témoins du monument primitif des remaniements et de simples repentirs dans la construction.

M. Bonnay a prévu l'objection : « Nous sommes convaincu qu'il n'en est pas ainsi, dit-il, parce que l'examen *le plus minutieux* de la partie supérieure des façades latérales, du demi-berceau et du fragment d'arc vers le chœur, n'a pu déceler en rien une reprise quelconque des constructions. Cet examen m'a au contraire donné la certitude que nous avions là des parties primitives de l'église, attendu que la main d'œuvre des maçonneries de ces parties, la nature de leurs matériaux, la composition de leur mortier, est en tout semblable à celles des parties basses de l'édifice. » (p. 11.)

Une observation même superficielle me conduit aux

conclusions contraires. Que l'on compare en effet l'appareil des parties basses incontestablement anciennes à celui des parties qui ont été incontestablement remaniées, par exemple le haut de la façade occidentale autour de la rose et des fenêtres gothiques, ou encore l'absidiole sud. Le premier, déjà décrit, où le schiste n'apparaît que comme blocage, est correct, de dimensions moyennes, en une belle pierre blanche, aujourd'hui blonde ; le second, en grossiers éclats de schiste, aux reflets bleus, et où se mêlent, mal dressés sur des lits sinueux, quelques moëllons pris à la construction première. Si l'on peut rapprocher du type d'un de ces deux appareils celui des collatéraux supérieurs, c'est manifestement au plus récent qu'ils appartiennent ou qu'ils ressemblent. Il suffirait presque de comparer de l'intérieur les meurtrières informes du premier étage aux fenêtres du rez-de-chaussée, soigneusement clavées, pour établir une différence de date dans l'exécution de ces deux parties.

La séparation est par endroits très nette et très brusque. Elle est particulièrement sensible dans une coupe violemment pratiquée dans le mur méridional, entre la deuxième et la troisième travées (en E fig. 3). On la retrouvera de même dans la voûte de la première travée du chœur (la région de l'arc de M. Bonnay), à un mètre environ au dessus de la corniche (D, fig. 3). On objectera peut-être que dans les parties hautes les moëllons sont parfois plus petits et moins bien taillés que dans le bas des murs, qui est plus exposé au regard et auquel la stabilité est encore plus nécessaire. Et, en effet, tout à côté, la demi-coupole de l'abside, entièrement ancienne, nous présente des assises décroissant de hauteur à mesure qu'on se rapproche du haut. Mais cette diminution est continue et laisse l'impression d'une parfaite homogénéité. En D, au contraire, il y a dans la forme et la qualité des matériaux, un changement soudain qui crie une reprise des travaux.

Les mêmes remarques s'imposent à l'extérieur, en particulier devant le mur septentrional (fig. 4), et ici elles nous acheminent enfin vers une conclusion. La limite entre les deux appareils pourrait être représentée par une ligne horizontale tracée un peu au-dessus des fenêtres basses. Tout ce qui est au-dessous est construit dans l'appareil primitif en pierre. Les deux premiers contreforts, nettement terminés par leur rampant, y sont contenus tout entiers. Le troisième contrefort au contraire, beaucoup plus haut, qui monte jusqu'à la banale corniche actuelle est divisé en deux parties distinctes par notre limite. En bas, comme dans tous les contreforts restés intacts, il est composé de solides blocs à section carrée, encadrés par des carreaux et boutisses irréprochables, de grandes dimensions, en pierre blanche. Au dessus, le contrefort, comme le mur, est uniquement construit en pierres schisteuses beaucoup plus plates.

Fig. 4. — Façade septentrionale.

Si l'on prolonge la ligne horizontale de séparation jusqu'au delà du transsept, elle vient aboutir précisément à l'ancienne corniche demeurée intacte avec ses damiers et ses modillons sculptés. Mais là le collatéral n'a plus qu'un seul étage : la première travée du chœur et ses bas-côtés sont couverts non par un toit unique à double rampant, comme dans la partie occidentale de l'église, mais par un triple toit, à double pente sur la nef centrale, en appentis sur les bas-côtés.

Et l'hypothèse qui s'impose alors est que telle a été tout d'abord la disposition primitive de tout l'édifice. Le berceau central était buté partout non par des tribunes, qui n'existaient pas encore, mais par les bas-côtés, comme il l'est encore au delà du transsept. Si l'on donne, selon toute vraisemblance, aux doubleaux de la nef le même profil qu'à ceux du transsept, ils seront épaulés moins par les doubleaux des bas-côtés, placés trop bas, que par le massif de maçonnerie compris entre les voûtes d'arêtes et les tuiles de la couverture. Mais l'on sait que les églises romanes de la réalité ne sont pas toujours identiques aux églises romanes des manuels d'archéologie. Ici, la meilleure preuve que la solution était correcte c'est qu'elle a duré : en effet, précisément dans cette travée du chœur qui est parvenue à peu

Fig. 5. — Coupe transversale à travers le chœur (reconstitution). On voit à droite, en pointillé, l'arc du sanctuaire.

près intacte jusqu'à nous, les doubleaux des bas-côtés ont seulement 5m50 à la clef (fig. 5) et cependant tous les organes d'appui ont parfaitement conservé leur aplomb. Les constructeurs, après avoir commencé leur œuvre par le chœur, ont-ils senti eux-mêmes les inconvénients de leur système ? Ont-ils recherché par un artifice de perspective à produire un effet de profondeur ? Toujours est-il que le long de la nef, à l'ouest du transsept, les bas-côtés sont plus élevés : les doubleaux ont 2 mètres de plus en hauteur (fig. 6).

Quant à nos tribunes, elles ont été ajoutées après coup, et, s'il faut en croire la différence d'appareil signalée dans le fragment de la voûte du chœur, on a surélevé en même temps la nef, en substituant semble-t-il au berceau primitif un berceau brisé (fig. 6). Peut-être le monument avait-il déjà été ruiné et les maçons chargés de le réparer ont-ils préféré le ramener à un autre type dont la pratique leur était plus familière. Peut-être aussi n'était-on pas fâché d'agrandir le vaisseau central tout en ménageant sur les côtés des magasins et des lieux de dépôt. Peut-être enfin

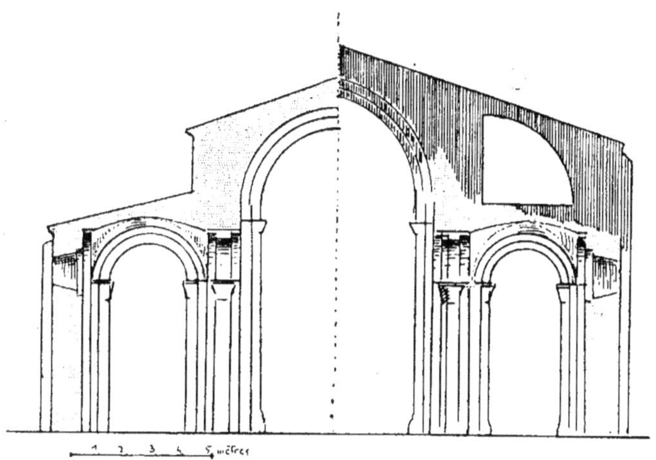

Fig. 6. — Coupe transversale de la nef (reconstitution).
A gauche : Etat primitif. — A droite : Après l'addition des galeries supérieures et la surélévation de la nef

était-il urgent de pourvoir en cas de troubles à la défense de l'église, et l'aspect des meurtrières pratiquées dans les murs rend cette hypothèse très acceptable.

Les deux galeries étaient vraisemblablement voûtées en demi-berceau, formant une sorte d'arc-boutant continu. Elles épaulaient la nef trop haut, tandis que les doubleaux inférieurs l'épaulaient un peu bas, si bien que l'ensemble du système agissait comme les arcs-boutants à double butée de certaines cathédrales gothiques. Un toit à double pente, recouvrant le tout, reposait, sans l'intermédiaire de combles, sur les reins des voûtes, selon la coutume locale.

L'ancienne corniche avait été supprimée, et de là, sans doute, proviennent des modillons sculptés que l'on a récemment trouvés dans les décombres. Toute cette réparation a été exécutée à la hâte et sans goût : les meurtrières, percées comme au hasard, se placent gauchement de côté par rapport aux fenêtres basses.

Il y a si peu de caractère dans ce qui nous reste de ces additions malheureuses qu'il est à peu près impossible de leur assigner une date certaine. On peut supposer qu'elles remontent à la fin du XIIe siècle, pendant la guerre des Albigeois. Mais, les procédés d'architecture romane se sont conservés dans le pays si longtemps après s'être démodés partout ailleurs, que nos collatéraux supérieurs peuvent être encore plus récents,

---

De nouvelles transformations, qu'il faut signaler pour terminer, devaient se produire encore. C'est d'abord, au XIIIe siècle, la réfection complète de la première travée, dont nous étudierons plus loin l'ornementation des fenêtres. Les bas-côtés atteignaient, d'un seul jet, la hauteur des galeries inférieure et supérieure réunies. Il ne reste d'ailleurs à l'intérieur que l'amorce d'un arc adossé au revers du mur occidental et destiné, sans doute, à supporter une tribune,

Deux fenêtres de l'abside ont été agrandies, ou plutôt éventrées. Je n'oserais pas reconnaître, comme on l'a fait, dans ces trous béants l'œuvre d'un architecte du XIIIe ou du XIVe siècle.

Plus récemment encore, le bras septentrional du transept a été divisé en deux étages. L'étage inférieur a été recouvert d'une voûte sur croisée d'ogives. Les nervures ont un profil tranchant et sec caractéristique de l'extrême fin du XVe siècle. Les arcs diagonaux sont reçus sur des culs-de-lampe ; le doubleau est supporté par des piliers octogonaux engagés dont l'imposte et les piédestaux prismatiques à multiples ressauts marquent également le style des derniers temps gothiques.

Une petite chapelle s'est ajoutée en même temps à l'ouest

de ce croisillon septentrional ; il nous reste encore des fragments des arcs diagonaux. A l'autre coin de l'église, à l'entrée du collatéral sud, dans le même style, on devine l'arc brisé d'une porte ; elle était percée dans le mur méridional et a été bouchée depuis. Peut-être dès cette époque, le croisillon méridional était-il déjà rasé et muré comme aujourd'hui. Enfin le tympan central de la porte occidentale a été malencontreusement orné d'une niche avec son dais, aujourd'hui privée de sa statuette, et souligné par un arc en anse de panier.

S'il fallait en croire un dessin des *Voyages pittoresques*, on pourrait encore attribuer à l'époque gothique la triste réparation de l'absidiole méridionale, transformée en une informe salle carrée. Le dessin montre l'église rejointe ici par un mur d'enceinte dont l'angle est orné ou défendu par une petite tourelle en encorbellement.

Le XVIIe siècle a utilisé de son mieux le bas-côté septentrional qui seul n'avait pas trop souffert des guerres religieuses. Les arcs formerets ont été bouchés du côté de la nef ; la porte septentrionale fermée pour transformer en chapelle le bras du transsept. Au dessus se sont ouvertes deux larges baies disgracieuses en plein-cintre et sur le pignon s'est élevé à l'air libre une sorte d'arcade servant de campanile. La petite chapelle voisine du XVe siècle, percée d'une porte en plein-cintre, servait d'entrée. On a agrandi la fenêtre du chœur et aveuglé celle de l'absidiole pour y placer un maître-autel en bois peint et sculpté. Il a été déjà signalé par Estadieu et on le voyait encore à sa place, — il y a quelques mois.

On peut passer sous silence la mairie, l'école et leurs dépendances bâties au milieu du siècle dernier. Elles viennent de disparaître sans laisser de regrets. La construction en briques qui va les remplacer n'aurait pas de peine à les faire oublier. Sur le total des dépenses que prévoit le projet, la moitié de la somme seulement est affectée à la reconstruction de la mairie et de l'école. Il reste 14,560 fr. 03 pour *adapter* et *consolider* les parties anciennes de l'édifice. Déjà la brique mure les arcs et emprisonne les chapiteaux ;

mais il pouvait arriver pis et quand on songe qu'on aurait pu les *restaurer*, il est plus sage de ne pas trop se plaindre.

En résumé, au point de vue qui nous a occupés jusqu'à maintenant, il n'y a qu'un moment de splendeur dans l'histoire de l'église Saint-Pierre, c'est celui de la construction romane primitive, à berceau central épaulé par des bas-côtés en voûtes d'arêtes. Il y aurait avantage à pouvoir rattacher cette construction à une école et à une date. Mais il y a auparavant d'autres éléments d'appréciation à recueillir et à décrire. Ce sont ces ornements sculptés, corniches, modillons, archivoltes, chapiteaux, qui peuvent nous fournir de nombreux points de comparaison avec d'autres monuments, ne fût-ce qu'avec les deux *pavillons* voisins du bord de l'Agoût et qui doivent encore nous arrêter, en dehors de toute préoccupation historique, car ils restent, après tant de siècles, le charme vivant de nos ruines.

LA SCULPTURE

Dans l'*intérieur de l'église*, dix-huit chapiteaux restent à peu près intacts.

Ils sont composés de deux assises : l'une pour le tailloir, l'autre pour la corbeille. L'astragale, formée d'un simple tore, fait corps avec celle-ci.

Le tailloir, assez volumineux, est généralement uni, à faces planes. Parfois ses pans sont encadrés par un filet ou par un listel (*a*, *g*, fig. 7); parfois ils sont légèrement creusés à l'étage inférieur en forme de cavet (*b*, *c*, *d*).

La corbeille s'évide assez profondément sous les bords du tailloir qu'elle vient supporter seulement aux angles et, d'ordinaire, au milieu de chaque face (1). L'ornementation,

(1) C'est dans le chapiteau corinthien qu'on peut voir l'origine de cette forme. Le creux qui s'enfonce entre les angles y est doublement indiqué : en hauteur, par le vide laissé sur le Kalathos entre les volutes des angles et les palmettes du milieu ; en profondeur, par le plan curviligne de l'abaque. A la suite du chapiteau byzantin, le tailloir du moyen-âge s'est substitué, non à l'abaque corinthien, qui n'a jamais rien porté, mais à l'entablement ; l'abaque, organe inutile, est entré en régression et les tracés qu'on en voit dans nos chapiteaux se placent entre la corbeille et le tailloir. Vue en perspective et de bas en haut, la courbe de l'abaque antique, qui s'enfonçait d'avant en arrière entre les volutes,

toujours bien équilibrée, traduit ce programme d'une façon logique et claire : c'est sur les points d'appui que s'appliquent les parties les plus saillantes de la décoration, crochets des feuilles, têtes et mains des personnages.

Le type le plus souvent répété (*a*) est d'une simplicité extrême : un tronc de cône renversé, absolument nu, se raccorde à chaque angle du tailloir par une petite volute plus ou moins fouillée. Dans le creux qui s'ouvre entre deux volutes, se place un petit support intermédiaire, dont la face apparente est encadrée par une rainure ou rehaussée d'une fleurette, d'un clou, d'une tête d'homme. Ces chapiteaux se rencontrent en des parties très diverses de l'église : sanctuaire, collatéral sud, croisillon nord. Leur relief sommaire les destinait sans doute à recevoir une décoration peinte plus importante que celle de leurs voisins (1).

Les chapiteaux à ornementation végétale sont d'un dessin très ample : une volute ou un double crochet aux angles, et, au-dessous, un ou deux rangs de larges feuilles (2). L'un d'eux n'a que cinq grandes feuilles creusées en forme de coquilles. Un autre, particulièrement aplati, est ramené à une hauteur raisonnable par son astragale décomposée en deux tores espacés (*b*, fig. 7). Ailleurs, sur les limbes sobrement taillés, deux coups de ciseau dessinent la nervure de la feuille (*c*). Le type *d* présente deux seulement de ses feuilles refouillées et divisées par des nervures en éventail ;

donne le même dessin que notre courbe qui s'enfonce de haut en bas entre les crochets (a, fig. 7). Quant au support qui s'élève au dessus et au milieu de cette courbe, il proviendrait de la palmette placée au milieu et en haut du Kalathos, ainsi que du fleuron en saillie au milieu de l'abaque. Ces transformations seraient plus évidentes dans des monuments où la tradition antique est moins lointaine, par exemple dans certains chapiteaux corinthiens-romans de St-Pierre le Moutier (Nièvre) ou de St-Nazaire de Carcassonne.

(1) Comparaisons nombreuses : St-Pons (Hérault) ; St-Nazaire de Carcassonne ; St-Hilaire de Poitiers, cloître de Nieul-sur-l'Autise, crypte de Curzon, Moûtiers-les-Maufaits, Vouvent (dans le Poitou et la Vendée) ; St-Amand de Boixe (Charente).

(2) Comparaisons : deux chapiteaux placés de chaque côté du grand portail à St-Pierre de Moissac ; certains chapiteaux dans le déambulatoire sud de St-Benoît-sur-Loire ; St-Hilaire de Poitiers.

les régions sculptées et les régions épannelées sont distribuées avec une symétrie voulue sur le chapiteau (1). Enfin, le type *e*, semblable aux deux précédents dans ses grandes lignes, est entièrement sculpté. La filiation antique

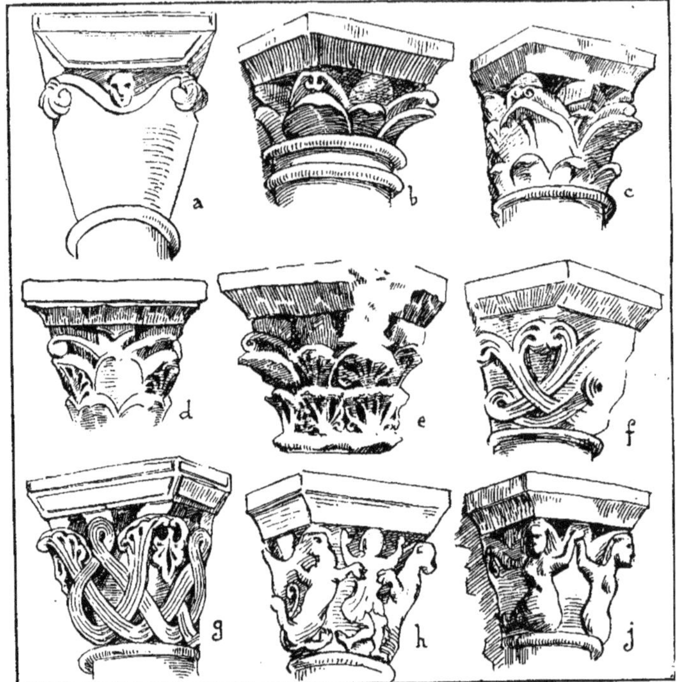

Fig. 7.

se montre ainsi plus nettement, grâce au dessin des volutes angulaires et à l'emploi de l'acanthe. Mais celle-ci ne constitue pas à elle seule les saillies, elle n'est qu'appliquée sur les masses principales. Il va sans dire que les proportions du chapiteau se sont adaptées à son nouveau rôle ; il est plus évasé, plus aplati, d'un relief plus fort que le chapiteau antique. Tel qu'il se présente, et malgré ses mutilations,

(1) On cite des cas analogues à Lillers (Pas-de-Calais) ; Châtel-Censoir (Yonne) ; Domont (Seine-et-Oise) ; Senlis. Voir Enlart : *Manuel* .., I. 375.

il reste un assez bel exemple du type corinthien-roman.

Tout autre est l'ornementation de trois chapiteaux voisins (deux sont dessinés en *f* et en *g*). Des galons sont posés à plat sur la corbeille; ils s'entrecroisent, décrivent des boucles et se terminent en crochets ou en palmettes. Deux ou trois sillons longitudinaux les parcourent et accentuent leur ressemblance avec des ouvrages de vannerie (1).

(1) L'entrelac est un des motifs usuels de notre sculpture romane. Des spirales grossières de Trucy ou de Morienval aux admirables rinceaux de Laon, on le retrouve sous les formes les plus diverses dans toutes les régions, surtout dans la première moitié du XIIe siècle. Cependant les nôtres ne sont pas faciles à apparenter. Les chapiteaux d'Autheuil (Orne) fournissent des comparaisons, mais assez lointaines. Seul un chapiteau placé sous le clocher sud de Saint-Pons parait d'une ressemblance indiscutable et non accidentelle. Le tracé ne reproduit exactement celui d'aucun des nôtres, l'exécution est peut-être un peu plus plate et plus sèche, mais l'ordonnance générale et le caractère du chapiteau sont les mêmes : on retrouve en particulier un détail très significatif, la petite palmette suspendue aux crochets d'angle, comme en g, fig. 7.

On pourrait croire cette décoration directement inspirée par des objets en osier tressé, si l'on ne lui trouvait d'innombrables modèles, à l'époque carlovingienne et plus anciennement encore, dans les manuscrits ornés, les poteries, les ustensiles d'os ou de métal ; il faut voir notamment les bijoux, armes, instruments de bronze découverts dans les sépultures dites barbares. Les agrafes de ceinturon des musées de St-Germain, de Villeret (Aisne), de Rouen, Louviers, Lausanne, Agen. Toulouse, etc , offrent parfois des rapports remarquables avec nos sculptures. Je signalerai particulièrement une agrafe de ceinture dessinée dans Th. Eck : *le cimetière mérovingien de Moislains (Somme)* (Bullet. archéol., 1892, pl. VIII, p. 38), et aussi certaines plaques publiées par Barrière-Flavy : *Etudes sur les sépultures barbares du Midi et de l'Ouest de la France* (Paris, 1892, in-fol., pl. XVII, XVIII, XIX), et par le même: *Les arts industriels des peuples barbares de la Gaule du Ve au VIIIe siècle* (Toulouse, 1901, in-fol., I, 150-181). Ces motifs, si répandus dans le premier moyen-âge, ont été déjà traduits en pierre bien avant le XIIe siècle ; on connait les pilastres carlovingiens de Montmajour et de Cravant, en France ; en Italie, le ciborium de St-Clément de Rome (VIe siècle), celui de St-Ambroise de Milan (IXe siècle). Parfois même, ils apparaissent presque dans la même forme qu'à Burlats : en Lombardie, où l'on est resté attaché très longtemps aux habitudes ornementales de l'époque barbare, nous trouverons sur un chapiteau de St-Ambroise de Milan (XIe ?), des galons plats, parcourus par deux sillons, contournés en entrelacs et terminés par des palmettes. Une photographie en a été publiée par Max Gg. Zimmermann : *oberitalische Plastik im frühen und hohen Mittelalter* (Leipzig, 1897, in-fol., p. 14). Mais nulle part l'entrelac n'a été aussi en faveur que dans l'extrême nord de l'Europe.

Trois chapiteaux historiés ou symboliques, dans le croisillon nord, complètent notre série. Ils sont d'ailleurs assez médiocres ; la figure est toujours pauvrement traitée à Burlats. On a reconnu dans le chapiteau *h* Daniel dans la fosse aux lions (1) ; c'est un homme vêtu d'une tunique courte, festonnée dans le bas, qui lève ses mains au ciel et agite des jambes désarticulées ; sur sa poitrine se posent les griffes de deux animaux d'espèce et d'anatomie incertaines. Ailleurs, deux chimères adossées, assez semblables à des chats roulés en boule, la patte et la queue venant se placer à hauteur de la tête. Enfin deux sirènes (*j*), représentées comme les Néréïdes antiques, se prennent par la main ; la main libre de l'une d'elles tient un poisson.

On me permettra d'éviter une description écrite, difficilement expressive, des bases de colonnes engagées qui nous ont été conservées. La fig. 8, qui en donne le profil, permettra, je l'espère, de constater avec quelle fidélité les sculpteurs romans reproduisent parfois la base toscane et

(Voir l'agrafe de Fonnaas — VIIe siècle ? — publiée par Sophus Bugge : *Norges, Indskrifter med de aeldre Runer*, Kristiania, 1891-1903, in-fol.) ; voir aussi les *Fac-similes of national manuscripts of Ireland* publiés par J. T. Gilbert, à Dublin, 1874-84, 5 vol. gr. in-fol.; aujourd'hui encore, il est resté familier aux décorateurs scandinaves.

Ces rapprochements ne peuvent plus surprendre personne. L'idée de l'origine principalement barbare et septentrionale de l'entrelac a reçu sa forme la plus nette dans les paroles mesurées et décisives prononcées par Louis Courajod en 1891 : « L'entrelac, a-t-on dit, peut avoir plusieurs origines et même une origine classique. C'est un principe que la civilisation gréco-romaine a été apte à transmettre aux temps modernes tout comme la civilisation barbare, après l'avoir reçu de la pensée orientale primordiale. Mais nous ne devons pas oublier que c'est dans le Nord que cette fleur s'est épanouie avec le plus d'éclat et que l'entrelac n'a jamais été appliqué avec plus de bonheur que par les artistes irlandais ou anglo-saxons ». (Louis Courajod : *Leçons professées à l'Ecole du Louvre, 1887-1896*, publiées sous la direction de H. Lemonnier et A. Michel (Paris, 1899-1903, 3 vol. in-8°, I, p. 231).

(1) Même sujet au transsept de Saint-Michel de Lescure, à la Sauve (Gironde). Le relief un peu plat des animaux, leur disposition rappellent des chapiteaux placés dans le chœur de Saint-Sernin de Toulouse, sous le porche de Saint-Pierre de Moissac, au transsept de Champdeniers. Rappelons que ce motif d'un homme saisi par des animaux, né sans doute en Orient, se retrouve dans des plaques ajourées de l'époque carolingienne.

la base attique, mais aussi comme ils s'empressent de tirer de leurs éléments des combinaisons nouvelles, souvent heureuses, en tout cas agréables par leur variété. Je remarquerai seulement, pour réparer une équivoque du dessin, que partout où le cylindre du fût se raccorde par un congé, accompagné ou non d'un listel, au tore supérieur de la base, ce congé et ce listel sont pris dans l'assise même de

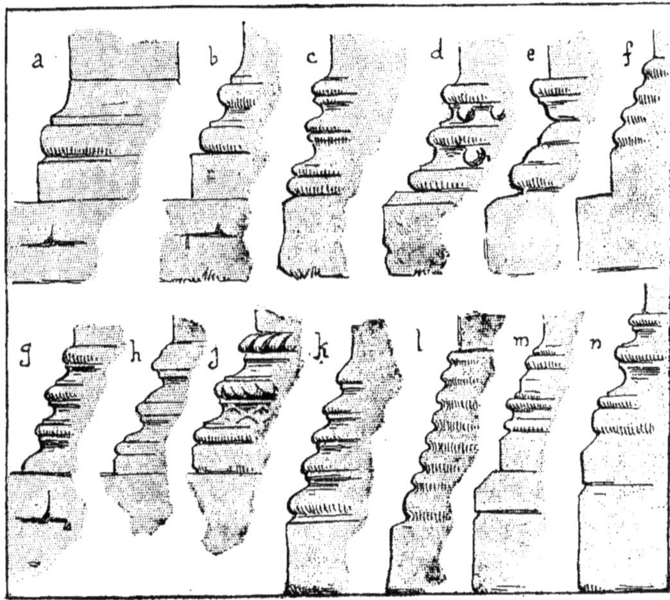

Fig. 8.

la base : comme il est de règle au moyen âge, le fût est cylindrique du haut en bas.

Une corniche ornée de damiers, joignant entre eux les tailloirs des chapiteaux dans le sanctuaire, complète la décoration intérieure de l'édifice (1).

*
* *

(1) Le damier, qui est le motif préféré des sculpteurs de Burlats, a été particulièrement employé dans l'Ile de France, le Soissonnais, la Normandie, nous dit Viollet-le-Duc, peut-être surtout en Languedoc,

C'est au *portail occidental* (*a*, pl. I), que nous trouverons l'ornementation la plus belle. Il y a, à Burlats même, des parties plus richement décorées ; l'ouvrier a exécuté ici des motifs très humbles avec une main timide et presque gauche ; il a dessiné en relief plutôt qu'il n'a sculpté ; mais la composition, pondérée sans froideur et sans monotonie, le dessin, clair sans sécheresse, font de cette modeste façade une page décorative parfaite (1).

Les voussures, de section rectangulaire, sont presque entièrement lisses : les joints des claveaux les coupent de lignes minces et correctes. La voussure supérieure est protégée par une étroite archivolte en relief, sur laquelle s'applique une bordure sculptée. C'est, pour l'arcade centrale, un triple galon entrelacé en forme de tresse très lâche (2). Pour l'arcade de droite (3), une guirlande où alternent deux fruits ; on pourrait reconnaître dans l'un les fraises, depuis longtemps renommées, de Burlats ; l'autre entr'ouvre un

selon M. Enlart. Si l'on ajoute qu'il est difficile de trouver dans les Charentes ou la Gironde une église romane sans damiers, on comprendra qu'il faille abréger la liste des églises comparables sur ce point à Burlats. Notons seulement dans la région Saint-Pons et Saint-Michel de Lescure.

(1) La composition montre un égal souci de variété et d'unité : un ornement n'est jamais exactement reproduit, mais les diverses variantes sont toutes à la même échelle ; par exemple, dans les dessins à répétition qui recouvrent les tailloirs, les éléments sont répétés un même nombre de fois sur chaque tailloir. Il faut remarquer aussi l'accord du tailloir et de la corbeille. Sur le chapiteau IV, où des dessins un peu minces sont posés sur le champ de la corbeille, des dessins encore plus minces s'espacent sur le chanfrein ; en VII, corbeille et tailloir sont entièrement recouverts sans aucun vide par des feuilles semblables ; en IX, où le relief est très marqué sur la corbeille, le tailloir est un des plus fouillés.

(2) Même ornement sur le tailloir d'un chapiteau dans le cloître de Saint-Bertrand de Comminges (Haute-Garonne), à Oloron (Basses-Pyrénées). On peut répéter de ce système de tresses lâches ce qu'on a dit de l'entrelac ; il est surtout fréquent dans l'art barbare ; voir de nombreuses boucles de ceinture. Voir aussi une arcade du ciborium de Saint-Georges de Valpolicella (712 ?), conservé au musée lapidaire de Vérone (publié dans les *Jahrbücher des Vereins von Alterthumsfreunden im Rheinlande*, Bonn, 1892, in-4°).

(3) Celle qui est à la gauche du spectateur.

bec à deux dents. Sur l'arcade de gauche sont rangées de petites fleurs à trois feuilles insignifiantes. La deuxième voussure de l'arcade centrale est bordée par un damier d'un travail délicat. Ce motif et celui de l'arcade de droite se partagent la marge de la troisième voussure. La dernière est entièrement lisse.

Les chapiteaux, par leur forme générale et par leurs proportions, se distinguent nettement de ceux de la nef. Le raccord entre la base supérieure rectangulaire et la base inférieure circulaire se fait insensiblement, le tailloir continuant à peu près l'inclinaison des flancs de la corbeille. Le relief est plus doux, le dessin plus vivant et plus souple, la composition plus ingénieuse.

Je les décris en allant de la droite à la gauche (1) :

I. — *Bande :* deux rangées de dents de scie opposées par la pointe. *Chanfrein* : baguettes plates, terminées par un crochet et formant des X enchevêtrés. *Corbeille* disparue.

II. — *Bande :* baguettes plates en losanges. *Chanfrein* : feuilles légèrement dentelées sur leurs bords, les nervures dégagées par cinq cannelures ; elles sont posées à plat, la queue alternativement dirigée en haut et en bas ; leur tige se dédouble et les encercle ; les cercles sont juxtaposés et liés ensemble ; deux petites feuilles sont prises aussi dans l'attache (2). *Corbeille :* la plus détériorée ; les crochets des

(1) J'appellerai simplement *bande* les faces verticales du tailloir; *chanfrein*, ses faces obliques; *corbeille*, l'assise inférieure ou corps du chapiteau.

(2) Ce motif, comme ceux qui décorent les chanfreins suivants, procède de ces dessins de palmettes et de rinceaux qui recouvrent les ivoires, miniatures et étoffes importés d'Orient; mais, pour si abondants qu'aient pu être alors ces modèles, ils ne suffisent pas à expliquer nos sculptures. L'arrangement du motif sur la surface à décorer, l'idée même de choisir ce motif et de le destiner à une place déterminée, la traduction en relief du dessin nécessitaient autant de trouvailles qui ont dû être imitées de proche en proche. Ainsi les comparaisons que l'on peut faire à ce sujet entre des monuments romans paraissent de nature à prouver autre chose qu'une influence byzantine commune; l'on pourra en conclure une parenté directe entre ces monuments. Il va sans dire que chacun reste juge de l'exactitude de la comparaison.

Les motifs byzantins que l'on trouve sur les tailloirs de Burlats, de Saint-Pons, de Saint-Michel de Lescure, du cloître de Moissac et

angles sont intacts, mais le feuillage a été presque entièrement raboté.

III. — *Bande :* une baguette plate horizontale coupée par de petites traverses verticales. *Chanfrein :* même motif que le précédent, avec les feuilles dirigées de gauche à droite et les cercles simplement juxtaposés. *Corbeille* : entrelacs. De chaque angle, descendent obliquement, avec de petites palmes, des galons qui font une boucle brusque avant d'atteindre l'astragale et se suspendent à l'angle suivant par une courbe très naturelle.

IV. — *Bande :* chaînette de petites fleurs très sommaires enfermées dans des cercles. *Chanfrein :* des tiges minces et de menues feuilles décrivent une série de cœurs allongés de gauche à droite ; à l'intérieur et de chaque côté de la pointe, elles accrochent de petits dessins artificiels. *Corbeille :* palmettes suspendues aux angles, entourées par des bouquets de feuilles cannelées et dentelées partant de l'astragale. Au milieu et en haut, un bouton sphérique garnit un vide.

V. — *Bande* : damier à deux rangs. *Chanfrein :* rinceaux en forme d'S couchés, dont les boucles sont terminées par les fruits à deux becs de la voussure (1). *Corbeille* disparue.

VI. — *Bande* : traces de rinceaux. *Chanfrein :* variante du précédent; les capsules sont plus larges et ont trois dents. *Corbeille* disparue.

VII. — *Bande* lisse. *Chanfrein :* des feuilles cannelées, de profil, s'attachent de part et d'autre d'une tige dont elles épousent exactement le dessin sinueux. *Corbeille* : cinq larges feuilles cannelées partant de l'astragale. Elles s'en-

même, à la rigueur, de Saint-Sernin de Toulouse, ont un air de famille par opposition aux motifs byzantins employés dans le Poitou ou la Bourgogne. C'est, il est vrai, parce que ceux-ci et ceux-là appartiennent à des écoles différentes. Mais que sont les limites d'une école, sinon précisément les limites d'influence de quelques monuments ?

(1) Dessins analogues, mais plus détaillés et plus fouillés, à Saint-Pons (portail ouest) et sur de nombreux chapiteaux du cloître de Moissac.

trecroisent comme les arcatures de l'école normande : de deux en deux les feuilles se rejoignent, bord contre bord, au milieu de la feuille intermédiaire ; cependant tous les bords sont entièrement visibles, parce que les feuilles, au lieu de se superposer, se traversent mutuellement. Cette disposition qui donne à la pierre l'aspect d'une matière transparente est d'un effet très imprévu et très heureux. Des crochets et des feuilles dentelées et cannelées s'encastrent entre ces feuillages et le tailloir.

VIII. — *Bande* lisse. *Chanfrein* : même motif que II. *Corbeille :* trois personnages assis ou accroupis, dont les têtes, portées en avant, forment les trois angles visibles du chapiteau, se tiennent par la main deux à deux ; les mains qui sont jointes, élevées à la hauteur de la tête, s'appliquent sous le tailloir au milieu de chaque face ; les pieds reposent sur l'astragale. Les visages très sommaires ne laissent à remarquer que les yeux saillants, où un petit trou marque la prunelle. Le costume n'est pas très nettement lisible ; ils portent tous la tunique longue, commune au XIIe siècle aux laïques et aux ecclésiastiques. Le personnage du centre a les manches serrées au poignet; une large écharpe, peut-être une étole, bordée d'un galon perlé, tombe en deux pointes sur la poitrine, et s'arrête au dessus de la ceinture. Le personnage de droite a des manches évasées ; le manteau, bordé d'un galon perlé, est légèrement échancré au cou ; il s'attache sur l'épaule droite qu'il dégage complètement et il recouvre le bras gauche. Le personnage de gauche a les manches larges et un manteau échancré en avant. De légers traits qui sillonnent les vêtements peuvent représenter des piqûres ou des plis faits au fer sur l'étoffe (1).

IX. — *Bande :* damier. *Chanfrein :* même motif que II et VIII, mais dessin plus précis et relief plus accentué ; la feuille se creuse tout entière en son centre (2). *Corbeille :*

(1) Le même système de plis et de galons se retrouve au double tympan du portail ouest de Saint-Pons, notamment sur les costumes des personnages qui assistent à la Crucifixion.

(2) Cela précise encore les comparaisons avec de nombreux tailloirs

sur un champ strié sont distribués de place en place de petits bouquets de feuilles cannelées d'un fort relief.

X. — *Bande* lisse. *Chanfrein :* damier à trois rangs. *Corbeille :* entrelacs se rejoignant aux angles en gros boutons.

∴

Le *portail septentrional* est moins bien conservé. Les voussures inférieures de la baie centrale ont été murées ou détruites, les tailloirs presque tous grattés ; toutes les colonnettes ont disparu ; il reste deux chapiteaux en mauvais état.

La modénature joue ici un rôle important dans l'ornementation des voussures ; seule la voussure inférieure de l'arcade centrale est lisse, son arête simplement abattue par un chanfrein où est gravée une combinaison de triangles. La voussure supérieure présente un rebord en relief où se rangent des têtes de clous à côtes (1) ; dans la gorge principale, des pommes de pin espacées, que remplacent parfois des têtes ; dans la gorge suivante, de petites fleurs à quatre pétales et des boutons trifoliés irrégulièrement distribués (2).

des portails occidentaux de Saint-Pons et Saint-Michel de Lescure, des cloîtres de Moissac et aussi de Saint-Bertrand de Comminges. Ce n'est plus seulement le dessin et son emploi, mais l'exécution elle-même qui se rapproche par de nombreux détails.

(1) Comparaisons innombrables; presque toutes les églises romanes des Charentes, en particulier, offrent le même motif.

(2) Il est assez fréquent, notamment, dit M. Enlart, dans le Sud-Ouest et le Languedoc à la fin de l'époque romane, de voir répartir dans les gorges de petits ornements, boules, fleurettes, boutons trifoliés (*Manuel...*, I, 363) Nous en trouverons aussi des exemples en Provence : à Montmajour, dans une galerie contigüe à l'église, se trouve un tombeau de Geoffroy VI, (comte de Provence, de 1054 à 1063). Il est surmonté d'un arc, postérieur au sarcophage primitif, dit Revoil (*Architecture romane du midi de la France.* Paris. 1873. in-f°, II, pl. XXXIX). La modénature en est assez comparable à celle de notre portail, et, dans les gorges, se voient les mêmes boutons trifoliés et les mêmes fleurs à 4 pétales. Ces dernières se trouvent aussi logées dans la gorge d'un arc placé à l'entrée des Aliscamps, près Arles (*même ouvr.*, III, pl. XX). Mais une comparaison beaucoup plus précise s'offre au portail nord de Saint-Pons. Là, les petites fleurs à quatre pétales ont pris la place des clous sur l'archivolte extérieure ; ceux-ci, en revanche, sont descen-

Les deux voussures des arcades latérales sont creusées de moulures accidentées, vigoureusement accentuées. Un ruban plié en zigzags est appliqué en bordure sur l'archivolte extérieure (1). Le tympan de droite est souligné par un petit linteau orné de clous ; celui de gauche par une double gorge ; la gorge supérieure est ornée d'une fleur entre quatre fragments de cordelettes (2) ; la gorge inférieure, de groupes inégaux de billettes. Le tympan est formé par un appareil à écailles. Des écailles garnissent aussi le mur au-dessus des arcades.

Le peu qui reste des tailloirs est dans le caractère du portail ouest ; sur les bandes, des rubans pliés en zigzags (3), ou un triple galon parcouru par un sillon longitudinal et entrelacé en forme de tresse serrée (4) ; sur les chanfreins, des rinceaux d'un dessin élégant, d'un relief effacé. L'un d'eux est analogue à II, VIII et IX du portail ouest ; mais la feuille est découpée en plusieurs masses principales, à leur tour dentelées, comme le figuier ou la vigne ; les cercles, plus espacés, sont séparés par des sortes de fleurs de lys. Sur l'éperon de gauche, le chanfrein reproduit le motif VII, mais les feuilles sont plus découpées, plus dentelées, plus proches de la palmette antique (5).

dus sur le tailloir des chapiteaux ; les pommes de pin ont été simplement renversées dans leur gorge ; comme à Burlats, une double tige recourbée, très mince, les attache et les encadre. Au dessus de la porte est une frise couverte de gros clous, comme la corniche semblablement placée à Burlats. Ces ressemblances sont trop précises pour être fortuites ; on comprend mal d'autre part que des détails insignifiants en eux-mêmes aient pu être aussi exactement copiés. Le choix des ornements, leur place, leur exécution, celle de la modénature, sont à ce point semblables que je suis tenté de voir dans ces deux portails l'œuvre d'une même main.

(1) Comparer le ruban et la modénature avec St-Gilles du Gard.

(2) Une cordelette est sculptée sur la bande d'un chapiteau au portail ouest de St-Pons.

(3) Un ruban semblable est semblablement placé au portail ouest de St-Pons.

(4) On sait que la tresse est un motif très ancien. Renvoyons pour comparaison à une mosaïque gallo-romaine de Maruéjouls publiée par A. Caraven-Cachin (*le Tarn et ses tombeaux*. Paris, 1873, in-8°, pl. XI).

(5) C'est un des motifs les plus répandus ; nous le retrouverons sur

Sur le chapiteau de droite, on devine les traces de deux animaux ailés, symétriquement disposés.

Au chapiteau de gauche, le plus intéressant de tous au point de vue iconographique, est figurée la parabole de Lazare et du mauvais riche. Elle se lit de l'est à l'ouest. Les personnages sont placés côte à côte dans des sortes de niches. A gauche, le pauvre Lazare est assis, la main droite appuyée sur le bras d'un fauteuil, le bras gauche à demi levé, la paume vers le ciel. Au-dessus de la niche, un ange descend du ciel, représenté par des lignes dentelées : la tête et le corps sont disposés horizontalement ; les jambes, plus élevées, sont entièrement couvertes par une tunique aux bords sinueux ; les ailes sont éployées de chaque côté de la tête. Deux chiens lèchent les pieds de Lazare. Sous les trois dais voisins, le riche inhospitalier et deux convives sont assis à table. Du compartiment suivant, il ne reste que la partie supérieure où l'on voit un ange (?) élever au bout du bras une masse indécise — l'âme de Lazare ? — vers Abraham assis dans la niche la plus élevée. A gauche de celui-ci, dans le dernier compartiment, est assis un autre personnage. Au-dessous d'eux, on voit le mauvais riche dans son lit de mort ; derrière lui un démon gesticule violemment. Un léger relief de la pierre se dessine au-dessus des lèvres du mort ; c'est peut-être la trace du petit enfant qui sortait de la boucle pour représenter, selon la coutume, l'âme s'échappant du corps (1).

un chapiteau intérieur de St-Pons, ainsi qu'à Alet (Aude), Petit-Palais (Gironde), à St-Genis-des-Fontaines, Espira de l'Agly, Elne (Pyrénées-Orientales).

(1) M. l'abbé Julia, curé de Burlats, qui connaît notre église pierre par pierre, propose une autre interprétation également acceptable ; c'est la langue du riche que l'on verrait entre ses lèvres et nous aurions ainsi l'illustration littérale des paroles de l'évangéliste : « Le riche mourut aussi, et il fut enseveli. Dans le séjour des morts, il leva les yeux ; et tandis qu'il était en proie aux tourments, il vit de loin Abraham et Lazare dans son sein. Il s'écria : Père Abraham, aie pitié de moi, et envoie Lazare, pour qu'il trempe le bout de son doigt, dans l'eau *et me rafraichisse la langue ;* car je souffre cruellement dans cette flamme ». (Luc, XVI, 22-24.) Un chapiteau du cloître d'Elne porte la parabole de Lazare représentée sur ses quatre faces en quatre tableaux clairs et concis. Celui de Burlats est plus narratif et continu ; il rappelle d'assez près un chapiteau connu du cloître de Moissac.

D'autres détails sont rendus incertains par l'état du chapiteau : à l'angle de droite, au dessus du premier convive, est une sorte de grosse tête, en haut relief, où deux yeux se devinent encore. Tous les personnages sont mutilés, les têtes sont devenues des moignons informes. On ne peut rien dire des costumes ; à la rigueur, on y reconnaîtra le système de plis constaté au portail ouest. Malgré ces mutilations, on voit encore dans les parties creuses des traces de peinture rougeâtre.

M. L. Bonnay, appréciant en passant les sculptures de ce portail septentrional, leur trouve un « caractère arabe des plus accusés », qu'il explique par les anciennes incursions des Sarrazins dans la région (1). Remarquant en même temps l'appareil à écailles, et le rapprochant à la fois des monuments d'Auvergne et de Ste-Eulalie à Elne, il esquisse à ce sujet l'hypothèse que ce motif, oriental d'origine, a pu être transmis à l'Auvergne par le Roussillon.

Le caractère arabe du portail nord n'est cependant pas des plus certains. Dans la voussure inférieure de l'arcade de gauche, l'arc est légèrement outrepassé ; mais il l'est comme ceux de l'arcade centrale sont surbaissés, ceux de l'arcade de droite surhaussés, c'est-à-dire d'une facon à peine sensible et manifestement involontaire. Les petits triangles, déjà mentionnés, de l'arcade centrale rappellent d'une façon plus précise des panneaux de bois sculptés de provenance musulmane. Mais ces dessins linéaires, comme l'arc outrepassé, comme les imbrications d'écailles, comme le damier, si fréquemment employé ailleurs dans notre église, comme tant d'autres éléments ornementaux, tresses, torsades, palmettes, etc., ont pu venir et sont venus en effet d'Orient par tant de voies, gréco-romaine, byzantine, barbare, que le rôle des Arabes reste tout entier à prouver (2). L'influence arabe n'est pas plus marquée, si je ne me trompe, dans l'art roman du Roussillon (3), et si l'on

(1) *Ouvr. cité*, p, 5-6.

(2) Les combinaisons de triangles sont par exemple fréquentes dans l'orfèvrerie franque (Enlart *: Manuel*. I, 353).

(3) Voir contre l'influence arabe les arguments d'un écrivain qui a

veut faire de ce pays un foyer d'influences rayonnant sur l'Auvergne et par suite sur toute la France, il est à craindre que Burlats ne puisse fournir aucun argument.

.·.

Immédiatement au-dessus des portes, une corniche court sur toute la façade du croisillon. Elle est ornée de clous plus gros que ceux des voussures. Les modillons qui la soutiennent portent des clous plus volumineux encore, des têtes d'hommes ou d'animaux à cornes grossièrement taillées ; parfois encore, ils ont la forme d'un simple cube, audessus d'un cavet (1).

La corniche se continue, ornée de damiers, vers l'est, audelà du transsept, sous le toit du collatéral nord, de l'absidiole et de l'abside ; mais ici, la corniche à damiers est triple et offre à chacun de ses trois étages une disposition différente : tout en haut, c'est le bandeau saillant supporté par les modillons, comme dans les parties voisines de l'église : un peu au-dessous, le mur est allégé entre les contreforts par une triple arcature aveugle ; à hauteur de la naissance des arcs, le damier forme imposte sur les contreforts et décore les culs-de-lampe intermédiaires ; enfin, plus bas encore, il recouvre une tablette continue qui contourne l'archivolte des fenêtres (2).

.·.

On ne peut pas étudier Saint-Pierre de Burlats, nous l'a-

pourtant étudié de très près les églises des Pyrénées-Orientales, J.-A. Brutails : l'*Archéologie du Moyen-Age et ses méthodes.* (Paris 1900, in-8°, pp. 38, 39, 40, 45).

(1) Saint-Michel de Lescure a aussi des modillons ornés de gros clous ou simplement profilés en cavet.

(2) M. Enlart donne de nombreux exemples — Burlats est du nombre — de corniches à arcatures; elles se rencontrent en Bourgogne, dans la vallée du Rhône, la Provence, le Languedoc, la Catalogne (*Manuel...*, I, 400). Je signalerai pour comparaison l'abside à arcatures ternaires de Saint-Martin de Londres (Hérault), mais elle est plus simplement ornée. Le damier figure à l'abside de Saint-Michel de Lescure, de Conques (Aveyron), de Begadan (Gironde). Les églises de Charmant (Charente) et de Saint-Gaudens (Haute-Garonne) présentent à la fois des ressemblances dans le plan et dans la décoration.

Albi - Imp. Corbière & Julien. CLICHÉS P. VALAT

EGLISE ET MONASTÈRE DE SAINT-PIERRE DE BURLATS

a, Portail occidental de l'Eglise. — b, Portail septentrional — c, Fenêtre de la maison d'Adam. — d, Fragment de la maison dite « pavillon d'Adélaïde. »

vons vu, sans se préoccuper des deux maisons du bord de l'Agoût qui faisaient partie du monastère au XVIe siècle, et vraisemblablement aussi au XIIe (1). Un coup d'œil sur leurs sculptures nous montrera que les trois monuments sont l'œuvre d'un même atelier.

Gardons à la plus intéressante des deux maisons le nom traditionnel de *pavillon d'Adélaïde*. Qu'on y ait vu la vicomtesse de Béziers présider des tournois littéraires ou qu'elle ait été bâtie et habitée par d'ingénieux bénédictins, elle n'en est pas moins, avec ses cinq fenêtres géminées, réunies par une double corniche, une de nos plus belles maisons romanes (2).

Les cinq fenêtres sont composées comme celle de notre planche *(d)*. En bordure des archivoltes, s'appliquent des clous comme au portail nord de l'église, des rubans ondulés ou tuyautés, pliés en méandres ou en zigzags, d'un relief plus marqué que ceux de ce même portail. Dans les gorges, sont espacés des ornements sphériques, des têtes de diablotins ayant un faux air de chats (3), des poissons, des coquilles de Saint-Jacques, des champignons, une chasse au lièvre, un damier serré et profondément creusé, des escar-

(1) Le second volume, récemment paru du *Manuel d'archéologie française* (Architecture civile et militaire, Paris, 1904, in-8°) me fournit un nouvel argument. M. Enlart a la complaisance de reproduire la tradition d'Adélaïde et de la cour d'amour (II, 190), mais il classe notre pavillon dans l'architecture privée et non dans les châteaux (II, 739); il remarque, en effet, qu'à Burlats le palais n'a pas, contrairement à la règle, l'aspect militaire des demeures seigneuriales; c'est une construction purement civile. L'auteur cite seulement trois cas analogues, le château des évêques de Nevers à Druyes, le château des évêques de Limoges à Castelnau de Bretenoux et un palais anonyme à Saint-Emilion; il fait observer que ces exceptions se rencontrent notamment dans les habitations de seigneurs ecclésiastiques (II, 514). Burlats ne pourra que confirmer cette observation.

(2) Deux de ses fenêtres viennent d'être reproduites, d'après un cliché de M. Enlart, dans un beau recueil : *Documents de Sculpture française du Moyen-Age*, publiés sous la direction de P. Vitry et G. Brière (Paris, 1904, in-fol., pl. XX, 4).

(3) Même motif avec la même disposition à Saint-Michel de Lescure, à l'arc de la maison de la Grand'Côte à Albi. (Voir E. Jolibois, *Rev. du Tarn*, VII, 133.)

gots (1). Sur les tailloirs et les corniches, sont des variantes de cette décoration mi-géométrique, mi-végétale, que nous avons rencontrée ailleurs aux mêmes places : baguettes entrecroisées en grilles, fleurettes symétriquement disposées, palmettes et rinceaux surtout. La variété touche ici à l'excès ; chaque pierre presque portant un dessin différent, les corniches ne donnent pas une impression de continuité suffisante.

Les chapiteaux réalisent (différemment, selon qu'ils couronnent les trumeaux ou les piédroits) le système des crochets d'angles et des points d'appui intermédiaires que nous avons partout rencontré. Sur la corbeille sont disposés, parfois sans goût, des motifs très divers : feuilles épaisses et charnues, ornements végétaux pris à la nature ou à la tradition, chimères, griffons, monstres fantastiques, clercs portant des banderolles, personnages qu'il paraît impossible d'identifier. Dans l'un deux, cependant, on retrouve un motif familier, Judas et ses 30 deniers ou encore le mauvais riche : c'est un buste d'homme ; au cou pend par une corde une bourse volumineuse que soutiennent les mains croisées ; non loin de l'oreille, une petite tête, confondue dans l'ornementation, représente l'esprit du mal (2).

Les personnages sont tous vêtus de tuniques qui descendent jusqu'à la cheville. Ici, le relief, malheureusement bien effacé, indique dans l'étoffe de véritables plis. Sur l'un d'entre eux, on voit assez bien ce vêtement, particulier à certaines statues du XIIe siècle, fendu en avant à partir de la ceinture, et s'écartant des deux côtés en plis superposés ; les bords du vêtement retombent en une ligne sinueuse

(1) Il y a dans ces détails un accent de nature très agréable. Dans la chasse notamment, les chiens et surtout les deux lièvres ont dû être vus, non dans les sujets analogues des œuvres assyriennes, byzantines ou romaines, mais sur les vallons ou les plateaux du Sidobre. On pourra cependant comparer les chiens de chasse avec ceux qui sont figurés sur un tombeau provenant de l'église de Javarzay et conservé au musée de Niort.

(2) Même sujet au portail ouest de Saint-Michel de Lescure, au Mas d'Agenais (Lot-et-Garonne), à Sainte-Croix de Bordeaux, dans diverses églises du Puy-de-Dôme : Notre-Dame du Port, Ennezat, Mazat, Orcival.

qui limite alternativement le dessus et le revers de l'étoffe. Il est imberbe, debout, les pieds légèrement écartés, les coudes serrés au corps, les deux mains appuyées sur la poitrine, la paume en avant (1).

Les colonnettes, à fût monolithe, reposent sur des bases d'un profil classique dans l'architecture romane ; c'est une variante de la base ionique dans laquelle le tore inférieur, très développé en hauteur et en largeur, repose sur une tablette carrée, quatre griffes remplissant les angles (2).

Ce détail n'existait pas dans l'église, où nous n'avons plus, il est vrai, que les bases de grandes colonnes. D'autre part, l'exécution de toutes ces sculptures est plus riche, mais aussi plus molle et plus insignifiante ; la composition est souvent plus négligée et comme improvisée dans la pierre. On pourrait être tenté, malgré de nombreuses similitudes, d'en attribuer la création à une date un peu plus récente, si l'on n'avait comme objet de comparaison commun l'autre maison placée le long du même quai, presque sur le même alignement, à quelques mètres au sud de l'église (*c*, planche I). On peut l'appeler *maison d'Adam*, son détail le plus caractéristique étant un chapiteau où sont représentés Adam et Eve, accroupis de part et d'autre d'un arbre, autour duquel s'enroule le serpent (3).

Sur les quatre baies géminées dont on voit les traces, une seule est bien conservée, à l'exception de sa partie centrale. Sa composition et ses proportions sont, à peu de chose près, celles du pavillon. Mêmes colonnettes, mêmes bases avec

(1) Ce geste anatomiquement impossible est très fréquent sur les chapiteaux du cloître de Moissac. Par là, ainsi que par l'attitude et le costume, notre personnage rappelle d'aussi près que possible le Christ placé au milieu de la face méridionale du chapiteau de la Chananéenne. Pour le costume seulement, je renvoie aussi au tympan d'Autun, au prieuré de Saint-Léonard à l'Ile-Bouchard (Indre-et-Loire), aux piédroits de la porte méridionale de Notre-Dame-du-Port à Clermont, au portail occidental de Chartres.

(2) Mêmes bases, notamment à Saint-Michel de Lescure.

(3) On pourra faire aisément les rapprochements sur la planche, où ces monuments ont pu être représentés ensemble grâce à l'obligeance de M. P. Valat, qui a bien voulu laisser couper dans ses photographies. La fenêtre d'Adam est à une échelle bien plus grande que les autres figures.

les mêmes griffes, sur la même planchette. Même emplacement de la double corniche ; même tympan lisse entre la double arcade inférieure et le grand arc de décharge. Les chouettes qui décorent celui-ci complètent bien enfin la série des animaux qui animent les fenêtres du pavillon.

D'autre part, la mince archivolte extérieure protégeant le grand cintre rappelle bien par son profil sec celle du portail ouest. Du même portail se rapprochent encore le tailloir du chapiteau d'Adam et la bordure qui décore l'arcade géminée (1).

Du portail nord, il y a des têtes de clous semblables et placées de même, mais autour de la baie voisine, presque entièrement murée. Sur l'archivolte de la nôtre, sont des boutons à côtes d'un dessin analogue. L'arc de décharge porte aussi les pommes de pin et les fleurs à quatre pétales. Le chapiteau de gauche, qui représente deux lions affrontés et symétriquement placés, — comme les animaux du portail nord (2) — est surmonté d'un tailloir identique à celui du chapiteau de Lazare.

Les petites différences que l'on a pu remarquer dans les diverses parties de cette description attestent seulement l'esprit de variété qui anime l'art du moyen âge et la part d'indépendance laissée à l'ouvrier dans l'utilisation et la traduction de ses modèles ; mais il faut voir en somme à Burlats, dans les sculptures de la nef et des deux portails de l'église, ainsi que des deux maisons du bord de l'Agoût, un tout parfaitement homogène, œuvre d'un même atelier. C'est cet ensemble qui doit être classé aussi exactement que possible dans les séries géographique et chronologique de l'art roman, dès que ce chapitre aura été terminé par la description de quelques formes plus récentes.

*
* *

De l'époque gothique restent d'abord les fenêtres et la rose de la façade occidentale.

(1) Voir les chapiteaux IX et IV. Le deuxième motif se retrouve sur le tailloir d'un chapiteau dans le cloitre de Saint-Bertrand de Comminges.

(2) Animaux affrontés notamment à Saint-Michel de Lescure.

Le tiers-point, assez aigu, des fenêtres est constitué par une seule rangée de claveaux lisses qui s'enfoncent obliquement vers l'intérieur. Quelques redents soudés à l'intrados de cet arc, assez profondément dans l'épaisseur du mur, sont tout ce qui subsiste des meneaux et je suppose qu'ils nous en donnent le dessin primitif complet. Cependant, en les prolongeant, on pourrait reconstituer un meneau central portant deux tiers-points, au-dessus desquels se logerait un œil ; pour la fenêtre de gauche, des redents décomposeraient les tiers-points ainsi que l'œil, ce dernier prenant une forme tréflée.

La rose est formée par un triple cercle de claveaux ; le cercle intérieur forme meneaux et se continue par des redents — deux paraissent intacts — qui le décomposent en huit lobes.

Tout le XIIIe siècle nous offrira des dessins semblables.

*
* *

De la fin du XVe ou du commencement du XVIe siècles, signalons : l'arc en anse de panier et la niche du portail occidental ; la niche est décorée par un arc en accolade simulé dans la pierre.

Dans le croisillon septentrional, quatre culs-de-lampe supportent les arcs diagonaux. Sur l'un d'eux, un ange tient un écusson portant en relief le christmon avec la croix en forme de T ; un autre écusson, également tenu par un ange, porte les armes du pape Jean XXII (1) ; sur un troisième, croisées en X, sont deux clefs, sans doute en souvenir du patron de l'église ; le dernier cul-de-lampe est orné d'une chouette, les ailes étendues. Rappelons que des chouettes décoraient la fenêtre d'Adam.

Enfin, au cours de la dernière réparation que subit l'église, on a trouvé dans le sol deux fragments d'une belle frise ; c'est une ample feuille de chou ou d'artichaut qui s'étale et se contourne dans une gorge. Ces deux morceaux d'excellent style auraient mérité d'être conservés.

(1) M. l'abbé Julia a bien voulu me donner ce renseignement.

CONCLUSION

La plupart des comparaisons qui ont pu être indiquées au passage nous font parcourir toute une moitié de la France, de la Provence au Poitou et de l'Auvergne au Roussillon. Saint-Pierre-de-Burlats n'a-t-il pas une patrie plus précise et ne relève-t-il pas en propre de l'une de nos écoles méridionales ?

Le plan et la construction ne montrent aucun détail bien caractéristique. Si nous ne savions maintenant les tribunes plus récentes que l'édifice primitif, elles nous feraient penser à l'Auvergne ou au Poitou. M. Bonnay, à qui elles fournissaient la comparaison, a attribué à l'église, mais avec des réserves, un caractère auvergnat (1). Il faut multiplier ces réserves. On chercherait vainement, en effet, à Burlats les traits les plus distinctifs de l'école auvergnate (2) : narthex surmonté d'une tribune, déambulatoire et chapelles rayonnantes, chapelles en cul de four au mur oriental du transsept, sanctuaire plus étroit que le chœur et chœur plus étroit que la nef, collatéraux supérieurs, voûtes en quart de cercle, voûtes d'arêtes sur plan barlong, colonnes isolées et monocylindriques dans le sanctuaire, culs-de-lampe supportant les colonnes engagées à l'entrée du chœur, contreforts en forme de colonnes engagées, arcades reliant extérieurement les contreforts, arcatures tréflées et polylobées, arcs en mitre aveugles au transsept, modillons de saillie considérable ornés de volutes ou copeaux, mosaïques de matériaux polychromes, nous n'avons rien rencontré de tout cela. C'est à une école voisine qu'il faut se reporter, à une sœur, selon le mot de M. Anthyme Saint-Paul (3), l'école du Lan-

(1) *Ouvr. cité*, p. 6.

(2) Voir Chardon du Ranquet : *Cours d'art roman auvergnat...* (Clermont-Ferrand, 1900, in-8°) ; Ad. de Rochemonteix : *Les églises romanes de la Haute-Auvergne* (Paris, 1902, in-4°) ; A. de Baudot : *L'Architecture auvergnate* (Encyclop. de l'Archit. et de la Constr., Paris, 1888-92, 6 vol. gr. in-8°, II, 198-205) ; A. Choisy : *Histoire de l'Architecture* (Paris, 1899, 2 vol. in-8°, II, 208, 244) ; Enlart : *Manuel...* (I, 317).

(3) A. Saint-Paul : *Note archéologique sur Saint-Sernin de Toulouse* (Bullet. archéol., année 1899, p. 412).

guedoc. Comme nous sommes en plein Languedoc, cela n'est pas pour nous surprendre.

L'école du Languedoc, ou école du Midi, aux principes vagues, aux territoires étendus, aux limites indécises, emprunte leurs caractères aux écoles du Poitou et de l'Auvergne ; quand elle a des caractères originaux, ils sont très secondaires et localisés (1). A ce signalement impersonnel correspondent bien le nombre et la diversité de nos comparaisons. Si l'on veut cependant éliminer les monuments qui n'offrent avec Burlats que des ressemblances trop vagues ou trop partielles, il restera autour de lui un groupe déterminé d'édifices appartenant aux départements actuels de la Haute-Garonne, du Tarn-et-Garonne, du Tarn, de l'Aude et de l'Hérault. Ces monuments comptent assez de principes communs, tout au moins dans la décoration, pour constituer une école, ou plus modestement une famille. C'est à cette famille, qui peut descendre de Saint-Sernin de Toulouse et qui aboutit par Moissac à Saint-Bertrand de Comminges, que je rattache l'église et le monastère de Saint-Pierre de Burlats.

Par là, nous pouvons tenter d'assigner une date à nos ruines. Nous avons vu qu'elles se présentent à nous sans le moindre texte ; nous sommes ainsi privés de la méthode la plus *directe*, c'est-à-dire la critique des documents. On ne devrait pas écrire, en effet, que l'étude des monuments eux-mêmes peut compenser l'absence de sources écrites. L'analyse la plus minutieuse d'un monument ne peut en faire sortir une date, si celle-ci n'y est contenue sous forme d'inscription. Il faudrait, pour l'entreprendre, posséder ce tableau idéal des caractères « qui indiquât pour chacun d'eux l'instant où il apparaît et l'instant où il disparaît et qui permît d'assigner à une période déterminée les édifices où on le rencontre » (2). Les manuels et les ouvrages généraux d'archéologie s'efforcent bien de nous offrir quelque chose d'analogue, mais quelles que soient la science et la conscience dépensées dans ces travaux, toutes les fois que les

(1) Enlart : *Manuel*... (I, 203, 205).

(2) Brutails : *Ouvr. cité.* (p. 188).

documents sont rares la valeur de leurs indications chronologiques est encore provisoire. On le voit bien notamment pour l'époque qui nous intéresse ; il n'y a pas très longtemps que les églises romanes dataient des environs de l'An Mille ; il a suffi d'en rajeunir quelques-unes pour que l'art roman tout entier se mît en mouvement derrière elles et menaçât de devenir bientôt contemporain de l'art gothique. Ce n'est pas au moment où l'ordre d'apparition des écoles mêmes est la chose la moins établie, que l'on peut dire l'âge d'un édifice sur un simple coup d'œil. Il est indispensable de pousser les comparaisons jusqu'à la rencontre d'un monument *directement* daté. Avant d'en arriver à dresser le « tableau des caractères », c'est-à-dire avant que la chronologie de l'art roman soit devenue solide et claire, on regrettera souvent l'absence d'un instrument non moins utile et plus facile à exécuter, un *corpus* des monuments romans à date certaine, édifices, manuscrits à miniatures, sceaux, etc. Peut-être ne serait-il pas très volumineux... Mais ces souhaits restant à réaliser, il faut s'en remettre au hasard des rencontres.

Je n'ose pas tirer argument des données fournies par l'examen du plan et de la construction ; elles témoignent sans doute d'un art pleinement constitué, qui a dépassé la période des maladresses, mais dans le XIIe siècle, qui, dans l'étal actuel de nos connaissances, correspond à ces caractères, elles nous renvoient aux églises les plus éloignées par leur emplacement et par leur date.

Les rares détails de costume assez lisibles pour être signalés sont déjà moins impersonnels. J'ai retrouvé des analogies assez frappantes avec Moissac et avec Saint-Pons (dont je reparlerai plus longuement, et qui doivent appartenir à la première moitié ou au milieu du XIIe siècle) ; des détails analogues au tympan d'Autun (sculpté vraisemblablement dans le deuxième quart du XIIe siècle), au prieuré de Saint-Léonard, près de l'Ile-Bouchard (attribué à la première moitié du XIIe siècle), au portail méridional de Notre-Dame-du-Port (qui a été cru de la fin du XIe siècle et que l'on s'accorde aujourd'hui à rajeunir plus ou moins), au portail méridional de Chartres (qui semble, après des discussions passionnées, conserver la place occupée depuis longtemps dans le milieu du XIIe siècle).

Par l'ornementation proprement dite, enfin, quelques monuments sont inséparables du nôtre. C'est, dans le département même, Saint-Michel de Lescure, où nous avons retrouvé la même répartition dans les gorges de petits ornements, boutons, fleurs, têtes de chat du pavillon d'Adélaïde, les tailloirs ornés de feuilles ou palmettes dans des cercles juxtaposés, le mélange de modillons ornés de clous ou simplement profilés en cavet, l'emploi du damier, notamment sur la corniche de l'abside, les motifs de Daniel, au transsept, de Judas avec sa bourse, au portail ouest, les animaux affrontés, le profil des bases et la disposition de leurs griffes, enfin l'aspect général, quelque peu plus riche et plus régulier, mais laissant une même impression de sobriété et de clarté. Malheureusement l'histoire de Lescure est, je crois, encore à faire. Crozes déclare le monument du XIe siècle (1) ; E. Jolibois le place avec plus de vraisemblance dans la première moitié du XIIe (2) ; mais nous sommes là bien loin encore de la certitude cherchée.

L'ancienne église abbatiale, plus tard cathédrale, de Saint-Pons de Thomières, dans l'Hérault, à 60 kilomètres environ de Burlats, est d'une parenté plus grande encore. Je rappelle ou je signale : dans la nef, les chapiteaux à corbeille lisse, un chapiteau à entrelac particulièrement significatif ; au portail ouest, les baies latérales aveugles, la mince archivolte, indépendante, en relief, autour des voussures, les tailloirs qui contiennent les principaux motifs des tailloirs de Burlats ; ils sont généralement plus achevés, plus détaillés, plus fouillés, plus stylisés aussi et plus froids, parfois cependant analogues même par le relief ; le portail nord enfin, avec ses damiers, ses clous, sa corniche, ses gorges garnies de fleurs à quatre pétales et de pommes de pin, semble exécuté par un même ouvrier (3). Les deux

(1) *Répertoire archéol.*, p. 14.

(2) *Revue du Tarn*, VII, 133.

(3) C'est peut-être le *Gilles* qui a signé l'un des médaillons placés au dessus de la porte.

églises ne peuvent qu'être contemporaines à quelques années près.

L'abbaye de Saint-Pons a été fondée en 936 ; l'année suivante avait lieu la dédicace de l'église, où l'on transporta les reliques de saint Pons, martyr. Les nombreux historiens de Saint-Pons n'ont pas manqué de faire remonter au xe siècle la construction de l'édifice actuel. Mais ces affirmations peuvent être négligées. M. Joseph Sahuc a montré que l'église, tout au moins dans les parties qui nous intéressent, ne peut pas être antérieure à la fin du xie siècle. Je ne puis que renvoyer pour cette démonstration irréfutable à son excellent ouvrage (1). L'église doit être à mon avis rajeunie encore et poussée vraisemblablement jusqu'au deuxième tiers du xiie siècle.

Nos comparaisons ne portent que sur les chapiteaux intérieurs de l'église et sur les façades de l'ouest et du nord que je crois à peu près contemporaines. Il reste autre chose à observer à Saint-Pons. Ce sont les fortifications ajoutées sur ces mêmes façades de l'église et aussi une trentaine de chapiteaux provenant pour la plupart d'un cloître attenant à la façade méridionale, en partie aussi de l'église même ou de monuments voisins (2). Ces chapiteaux sont disséminés depuis le xvie siècle dans diverses maisons de la ville, dans les hameaux environnants, à Mazamet, au musée de Toulouse (3). Quelques-uns peuvent être de la première moitié

(1) J. Sahuc : *Saint-Pons de Thomières, ses vieux édifices, ses anciennes institutions. 1re partie, les archives, l'abbaye, l'évêché* (Bergerac, 1895, in-4o); *2e partie, la ville et les habitants, la vie communale* (Bergerac, 1902, in-4o). Pour l'histoire de Saint-Pons, il faut aussi consulter du même auteur : *Hérault, Saint-Pons, Inventaire des archives communales antérieures à 1790* (Montpellier, 1895, in-fol.); *Procès-verbal de la Visite de l'Eglise cathédrale de Saint-Pons...* (Narbonne, 1901, in-8o) ; *Sources historiques et bibliographie de l'arrondissement actuel et de l'ancien diocèse de Saint-Pons de Thomières* (Montpellier, 1901, in-8o) ; *Quelques documents inédits sur l'ancien diocèse de Saint-Pons de Thomières* (Saint-Pons, 1903, in-8o).

(2) M. J. Sahuc les décrit et en reproduit quelques-uns : *Saint-Pons de Thomières* (I, pp. 74-77 ; pl. des pp. 23, 73, 103, 138).

(3) M. E. Mâle, qui a vu ces derniers, les date simplement du xiie siècle : *Les chapiteaux romans du musée de Toulouse et l'école Toulousaine du XIIe siècle.* (Extrait de la *Rev. archéol.*, 1892, p. 27.)

ou du milieu du XIIe siècle ; mais la plupart, surtout parmi les chapiteaux historiés, en marbre blanc, provenant du cloître, sont du XIIe siècle très avancé. Si on compare ceux-ci aux sculptures de l'église et notamment aux deux tympans de l'ouest, on verra qu'une distance considérable sépare les deux groupes de monuments. Or, un texte de 1171, muet au sujet de l'église elle-même, nous annonce au contraire en termes prolixes que, les bâtiments du monastère (*villa ipsius monasterii*) ayant été détruits l'année précédente, le monastère et ses dépendances vont être reconstruits et les fortifications édifiées (1). Les indications archéologiques et historiques concourent donc avec une grande force à nous faire admettre que les deux groupes de monuments sont situés de part et d'autre de la date 1170-71 (2).

Dans ce cas, Burlats, contemporain de l'église, ne pourrait pas être postérieur à 1170.

Si l'on joint maintenant à Burlats Lescure et Saint-Pons,

(1) C'est Roger Taillefer, le mari d'Adélaïde, qui avait saccagé la ville. Dans l'accord qu'il conclut dans la suite avec Raymond de Dourgne, abbé de Saint-Pons, en janvier 1171, il accorde à l'abbaye le château de la Salvetat et permet « *ut monasterium Sti Pontii cum omnibus officinis suis ædificetur, firmetur, construatur, et ad majorem munitionem, sicut melius poterit, claudatur...* ». De ce texte, plusieurs fois publié d'après la *Gallia Christiana* et l'*Histoire du Languedoc*, il reste une copie ms. dans la *Coll. du Languedoc* (LXXVII, fol. 105).

(2) Sur ce point, si important pour l'histoire de Burlats, je ne puis malheureusement pas être encore tout à fait affirmatif pour plusieurs raisons. J'ai placé dans le premier groupe (avant 1170) toutes les sculptures de l'église. Pour M. Sahuc, au contraire, le portail nord était beaucoup plus récent et contemporain des fortifications et du cloître. Burlats serait dès lors postérieur à 1171 et présenterait cette particularité au moins intéressante d'emprunter du même coup à Saint-Pons ses motifs les plus récents et les plus archaïques. D'autre part, les chapiteaux disséminés qui nous touchent indirectement composent un ensemble si disparate comme date et comme provenance qu'un travail spécial serait nécessaire pour pouvoir les grouper en séries convenablement ordonnées. On arriverait sans doute par là à établir clairement ce que j'ai dû admettre sans démonstration, c'est qu'entre 1171 et la fin du XIIe siècle, il n'y a pas place à la fois pour les sculptures du premier groupe et pour celles du second. Je regretterais davantage d'être trop loin aujourd'hui du monument pour pouvoir préciser mes impressions, si M. Sahuc ne venait d'entreprendre sur la sculpture romane à Saint-Pons une étude générale qui sera une contribution précieuse à l'histoire de notre famille d'églises languedociennes.

on multipliera les comparaisons avec le cloître de Moissac. On y rencontre notamment entre les tailloirs des analogies frappantes. Ce sont les mêmes motifs semblablement utilisés, à cette réserve près que la régularité un peu sèche de Moissac va en s'atténuant à Lescure et à Saint-Pons et de là à Burlats ; le relief et le détail s'effacent aussi dans le même ordre. Je rappelle encore les chapiteaux à larges feuilles et à animaux de l'église ; dans le cloître, la parabole de Lazare et surtout le Christ présentant les mains en avant dont nous avons vu le décalque au pavillon d'Adélaïde. Les sculpteurs de nos trois églises n'ont pas probablement collaboré à l'ornementation du cloître de Moissac, mais ils l'ont sans doute regardée à loisir. Rien n'est d'ailleurs plus vraisemblable. Moissac, Saint-Pons et Burlats sont des monastères bénédictins qui ont dû être constamment en rapports. Nous avons vu un prieur de Burlats devenir abbé de Saint-Pons, et le neveu d'un abbé de Moissac devenir doyen de Burlats. Ces monastères ont dû échanger leurs ouvriers et leurs artistes comme leurs dignitaires.

Il n'est pas nécessaire d'entrer dans la discussion encore ouverte sur la date du cloître de Moissac. Il y a, comme on le sait, dans ce monument deux époques très distinctes. La plus ancienne est datée par les inscriptions gravées sur le pilier central de l'ouest et sur le pilier de l'abbé Durand Elle peut être de l'an 1100 (1), en tout cas avant 1115, dit M. Marignan, qui n'est pas suspect de vieillir la sculpture romane (2). La partie la plus récente, dont procède Burlats, a été construite au plus tôt sous l'abbé Roger, successeur d'Ansquitil, entre 1115 et 1131, comme le propose M. Rupin. On forcera l'âge du cloître autant qu'il est possible si on le considère comme terminé vers 1130.

Nous avons maintenant deux dates extrêmes : celle de

(1) C'est la date que l'on avait appliquée d'abord à l'ensemble du cloître. Voir B. Bénézet : *Histoire de l'art méridional au Moyen-Age et à l'époque de la Renaissance* (Toulouse, 1885, in-4°). Voir également *Album des Monuments de l'Art ancien du Midi de la France*. (Toulouse, 1893-97, in-4°, p. 59).

(2) A. Marignan : *Histoire de la Sculpture en Languedoc du XII*e *au XIII*e *siècle* (Paris, 1902, in-8°).

1130, que nous fournit Moissac, celle de 1170, donnée par Saint-Pons, mais que je ne puis proposer encore sans réserves. Burlats pourra être rapproché plus ou moins de l'une ou de l'autre ; je ne pense pas cependant qu'on puisse le faire sortir de leurs limites. On peut le placer, avec une approximation suffisante au milieu de cet intervalle, c'est-à-dire au milieu du xiie siècle.

Peut-être me pardonnera-t-on de ne pas terminer sur une appréciation plus précise et plus catégorique, si l'on veut bien relire les paroles un peu découragées de M. Brutails : « On peut dater un certain nombre d'édifices, surtout parmi les plus importants ; ... mais il faut renoncer à créer un cadre où puissent entrer tous les monuments obscurs des petites villes, toutes les églises bâties au fond des campagnes par des maçons attardés en des pratiques depuis longtemps démodées... De ces œuvres secondaires, le plus grand nombre restera toujours en dehors de tout essai de classification chronologique » (1). Saint-Pierre de Burlats confirme malheureusement en partie cette règle, mais ne suffirait-il pas de bien peu pour qu'il pût y faire un jour exception ?

(1) *L'Archéol. du Moyen-Age et ses méthodes*, p. 225.

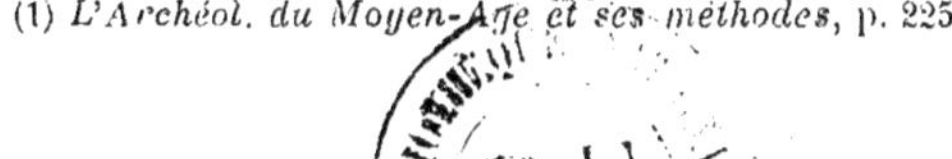

TABLE

ALBI — IMPRIMERIE NOUGUIÈS

www.ingramcontent.com/pod-product-compliance
Lightning Source LLC
LaVergne TN
LVHW020044170826
845678LV00001B/433
9782329696591